夫婦で

もとかが歩く
欧州★アジア
260日の旅

はじめに

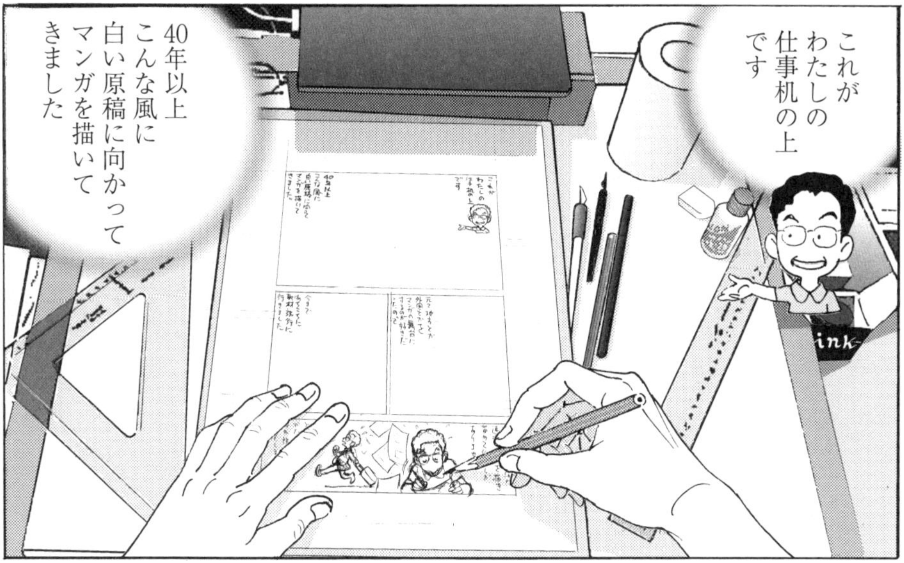
これが わたしの 仕事机の上 です
40年以上 こんな風に 白い原稿に向かって マンガを描いて きました

元々 地方とか 外国とかを マンガの舞台に するのが 好きだったので

©村上もとか『六三四の剣』／小学館

今まで あちこちに 取材旅行に 行きました

©村上もとか『メロドラマ』／河出書房新社

だけど その時間は 連載マンガを 描き溜《た》めて 作るしか ありません
どうしても かなりの 弾丸旅行と なって しまいます

日々〆切りに追われているのですから 当然のことですが…
ふあ〜…
プライベートの旅でも長期の旅はなかなか難しい
訪ねた国や街が気に入ったら何週間も何か月も滞在して
Bonjour!
毎日あちこち散歩して行き付けの店の人とも顔見知りになったりして
いいなあ〜
そんな旅してみたいなあ〜
あ!
ガバッ!!
そ…そうか!!

1~2年マンガを描くのを休んでしまえばいいのだ!
うむ!それでこそ自由業!
何のこと?
ヒソ
ヒソ!…
目を合わすなどうせまたロクでもないこと思い付いたに違いないぞ

とは言っても当時わたしは15年以上続いた龍-RON-という作品を終了し
その5年前より始めていたJIN-仁-のフル連載を開始したばかり

そこで妻(通称Q)に相談しました
何年か先…JINの連載が終了した頃に旅に出ないかと
1~2年休むぅ!?

モッちゃん 解ってるわよね マンガ家が 1～2年も 休筆するって ことは――
グサ グサ
そのまま マンガ家としての 居場所を失う ことになるかも しれないわよ
いつか引退 してから 旅すれば？
わ わかってる だけど…
どうしても 現役マンガ家で あるうちにやって みたいんだ～～～
あ… そう！
じゃあ 仕方ない わね――
カクン
さすがは 旅行好きの Qだねー 理解早いよっ
しかし その時 彼女が思った ことは…
なんだかんだ言って 要するに もうマンガ家 辞めるって ことよね…
しょーがない 先々のことも考えて しっかり やりくりしとくか…
ふうっ
しかし 私は 何も考えて いない…
まっ！ 何とかなるん じゃねー！

わたしが計画しているのは夫婦2人旅
とにかく彼女の協力なくしては成し得ません
ACHI
KOCHI
結婚した後に妻を海外への旅や短期留学等に積極的に出しておりましたのも
いつかこんな長旅をしたくて準備していたのかもしれません
まだ若い
とにかくそれから5年――
日々マンガを描き続けました
2009年にはJINがテレビドラマ化されてとても反響を呼び
握るペンにもますます熱がこもりました
ゴメン 似てないネ…
もう少しあと少し…
こ…これが終わったら…

数年前から
スタッフには
連載終了後に
プロダクションを
解散することは
伝えてあります
その後の身の
振り方として
アシを続けたい人は
友人の
漫画家さんに
紹介もしました
2010年
秋——
JIN完結〜〜!!
後は年を
またいで春までに
描きかけのシリーズ
作品を完結させ
JINのドラマⅡ
の放送を
見届けてから
出発しよう
ルン
ルン
♪
そううまく
いくかな…
ところが
2011年
3月11日
あらら
らっ!
す すごい
揺れです
よ!

東北地方太平洋沖地震―――
そして原発事故―――
さぁ〜〜どうするどうする!?
のんびり旅なんかしている場合だろうか〜〜〜〜
旅行中の留守宅には当時大学生の息子と猫一匹
千葉《ちば》にある妻の実家には義妹と80歳を越えた義母もいます

大切な人達を この日本に 残してまで
いくら長年の 夢とはいえ
う〜ん
とにかく原発の 危機的状況が 収まるのを待ち プロダクション を解散——
スタッフ達と 箱根《はこね》に 打ち上げの 旅行に 出かけました
ホテルの 支配人が 転げるように 出迎えてくれて
みなさま よく来て 下さいました 施設は何でも 使い放題です
うわあ——！ 春の行楽シーズン なのに 箱根が ガラガラに 空いてるよ〜
やっぱ みんな 旅行する気分 じゃないのか なあ〜〜〜〜
あ…!?

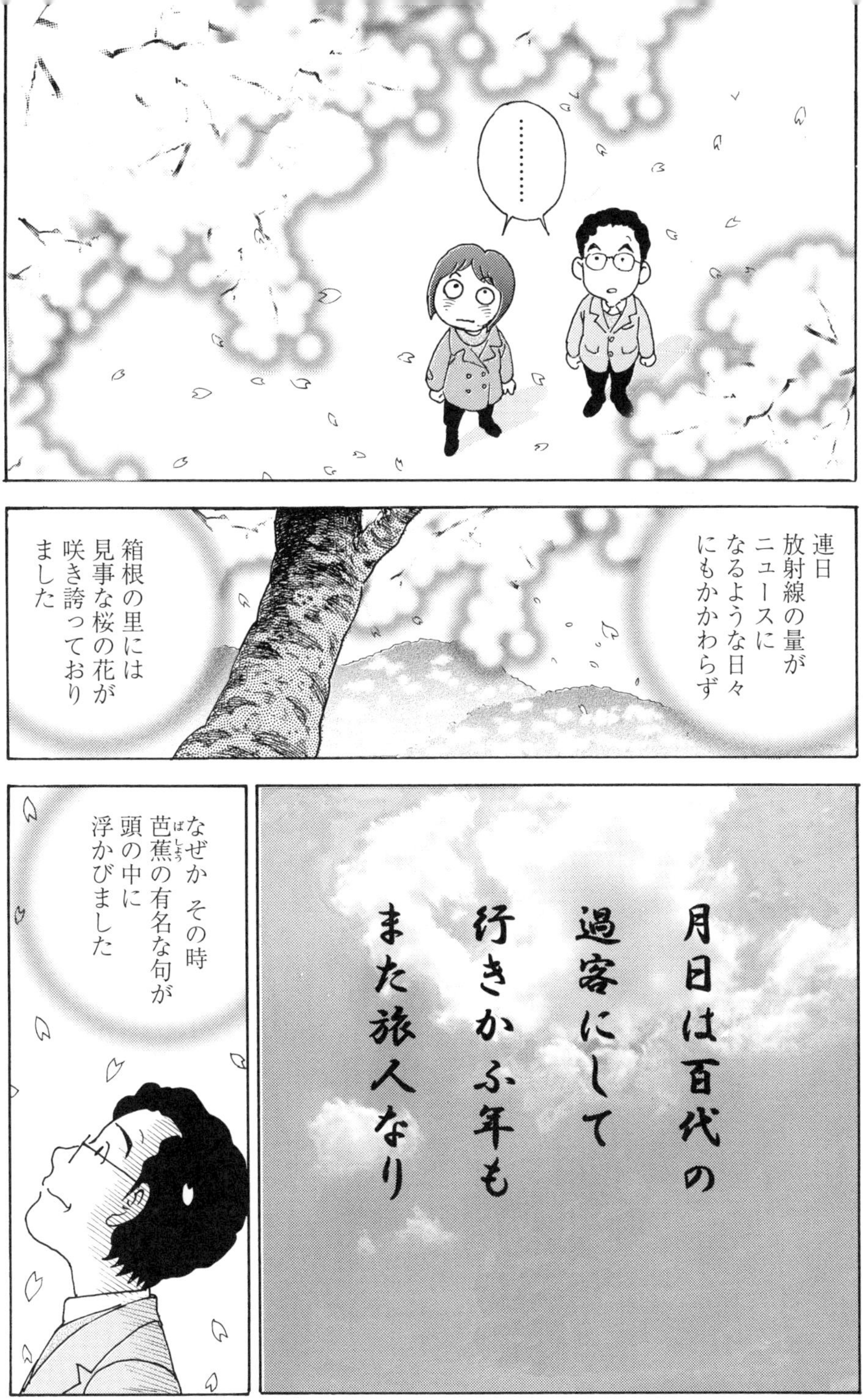
……
連日
放射線の量が
ニュースに
なるような日々
にもかかわらず
箱根の里には
見事な桜の花が
咲き誇っており
ました
月日は百代の
過客にして
行きかふ年も
また旅人なり
なぜか その時
芭蕉《ばしょう》の有名な句が
頭の中に
浮かびました

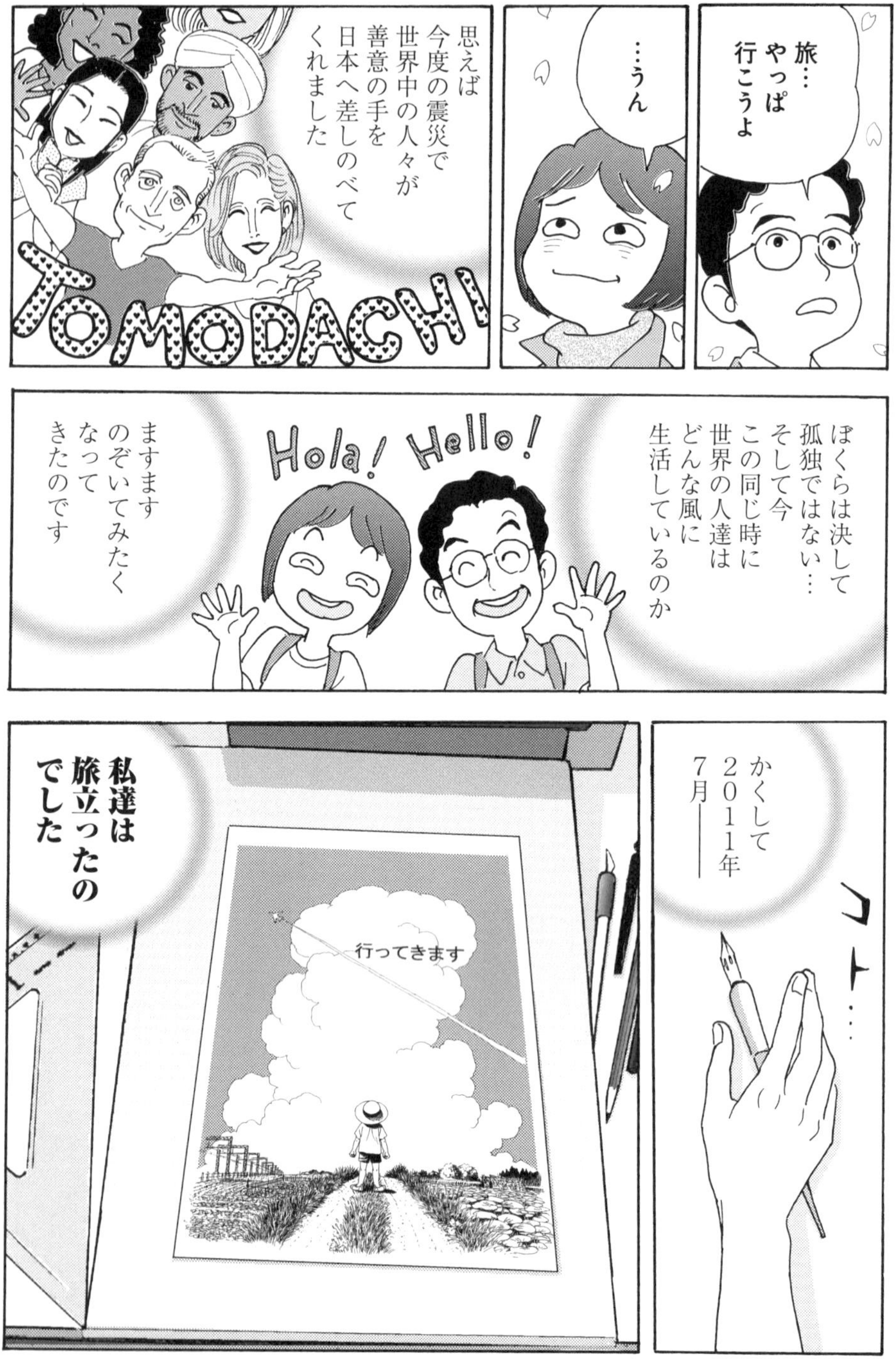

旅…やっぱ行こうよ
…うん
思えば今度の震災で世界中の人々が善意の手を日本へ差しのべてくれました
TOMODACHI
ぼくらは決して孤独ではない…そして今この同じ時に世界の人達はどんな風に生活しているのか
Hola! Hello!
ますますのぞいてみたくなってきたのです
かくして2011年7月――
コト…
行ってきます
私達は旅立ったのでした

CONTENTS
目次

はじめに P003

第*1*章 P015
2011.7.6～12.2 ヨーロッパ①

第*2*章 P139
2012.1.15～3.12 アジア

第*3*章 P157
2012.4.4～7.1 ヨーロッパ②

旅を終えて思うこと P255

第1章

2011.7.6～12.2

ヨーロッパ①

Episode
001

Country
France
フランス

City
Paris
パリ

プランタンの屋上より

パリの街を見晴らす有名なポイントはいくつかあるけれど、何処も人がいっぱい。このプランタンデパートの屋上は、現地在住のＴさんに教わった穴場。なるほど階下は買い物にいそしむ観光客で賑わっているのに、屋上は静か。しかも、その眺めの見事なこと！南側には19世紀半ばナポレオン３世の命により作られた世界最大規模の劇場オペラ・ガルニエの背面が偉容を誇りその右側遥か遠くに現代美術の殿堂ポンピドー芸術文化センターをのぞみ、そして北側にはモンマルトルの丘の上に陽光を浴びて白く輝くサクレクール寺院を間近に眺めることも出来ます。私の世代にとって子供の頃、デパートの屋上は特別な場所でした。ここに立ち、ちょっとそのワクワク感が蘇ってきました。

Date
2011.07

東京からの距離
9,722 km

緯度経度
北緯 48°51′ | 東経 02°21′

必修実習を落とした息子が、
急きょ短期同行することに。
予想外の出発。

Episode
002

Country
France
フランス

City
Paris
パリ

サン・ジェルマン・デ・プレの裏通り

7月初旬、午後10時を過ぎた頃、この狭い裏道にようやく夕闇が迫ってきました。ふと見上げると、ディープブルーの空を背景に黒々と見事なシルエットの看板。はて、これは何屋さん？ 馬車屋じゃなさそうだし、下の大きな鍋のようなものから旅人相手のレストランというところか…。ここは学生街カルチェ・ラタンと隣り合う地区。学生が集う店も多く、パリ大学構内には学食がないため市内に何箇所もある学食の一軒がこの通りにあるとか。パリの街路はそのロマンチックでゴージャスな外観に似ず、結構ゴミが多く、そこかしこがオシッコくさかったりするのだけれど夜の帳《とばり》が降りてくるこの時間には、その抗し難いスカイラインの美しさに、つい感嘆のため息をつき、空を眺めてしまいます。

Date
2011.07

東京からの距離
9,722 km

緯度経度
北緯 48°51′ | 東経 02°21′

Episode
003

Country
France
フランス

City
Paris
パリ

サンジェルマンのホテルの窓から

カーテンを開けると、広がるパリの屋根の連なりにベタなシーンだとは思いながら、やっぱり感動。奥に見える丸いドームはパンテオン。その前景にある建物に、妙に魅かれる。一体どんな構造になっているのか、さっぱり解らない。部屋の持ち主達が長い年月の間に自分勝手に増築していったらこうなったのか。ハウルの城みたいに、無数の煙突から煙を吐いて動き出しそうだ。こんな誰に見られることを意識したわけでもない場所に発見できる「命の宿ってしまった感」も、この街の魅力かな、と思う。

NON!
スーパーのオバちゃんは
お客とは対等
以上…

Date
2011.07

東京からの距離
9,722 km

緯度経度
北緯 48°51′ | 東経 02°21′

2011.7.

Episode
004

Country
France
フランス

City
Paris
パリ

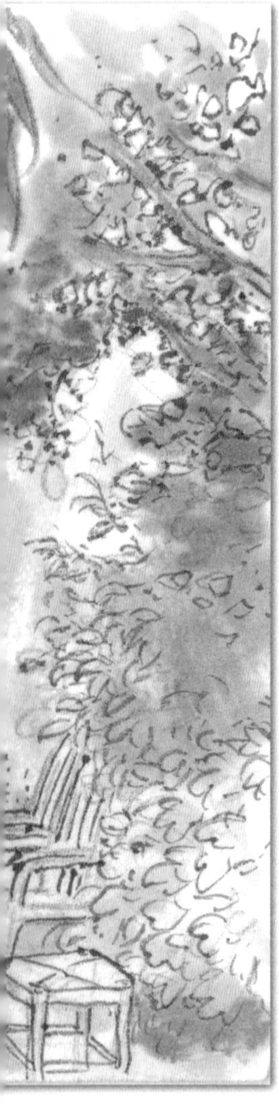

RER線 ジョアンビル

パリ郊外にある、友人Ｔさんの持つ貸家の庭にてバーベキューパーティー。まわりは閑静《かんせい》で瀟洒《しょうしゃ》な住宅地。その中にあって、ワイルドなたたずまい。Tさん夫妻は何十年もの在仏日本人。ご夫婦ふたりが日曜大工で修理改造して、貸家を維持している。パリでは、修理のプロに現場をチラッと見てもらうだけで45ユーロもかかるそうだ。今日は店子《たなこ》の人達とその友人（みんな音楽を学びに来ている日本人留学生）も加わって「バケーション突入直前の最高の時を祝う」（長い！）パーティーだとか。まさに大家といえば親も同然…後で、店子たちによる見事な生演奏の返礼にワインと共に酔いしれる。

Date
2011.07

東京からの距離
9,722 km

緯度経度
北緯 48°51′ | 東経 02°21′

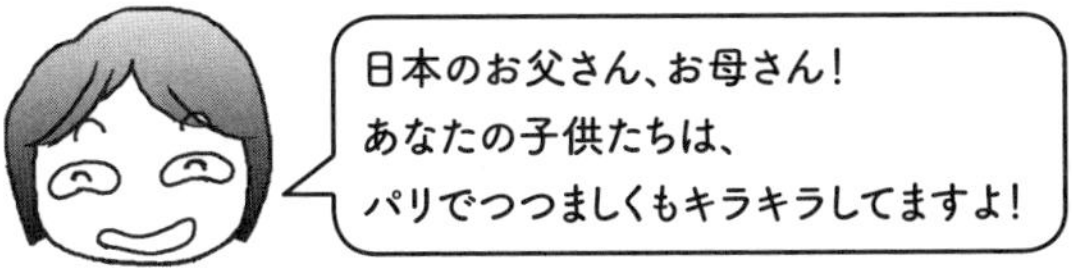
日本のお父さん、お母さん！
あなたの子供たちは、
パリでつつましくもキラキラしてますよ！

Episode
005

Country
France
フランス

City
Paris
パリ

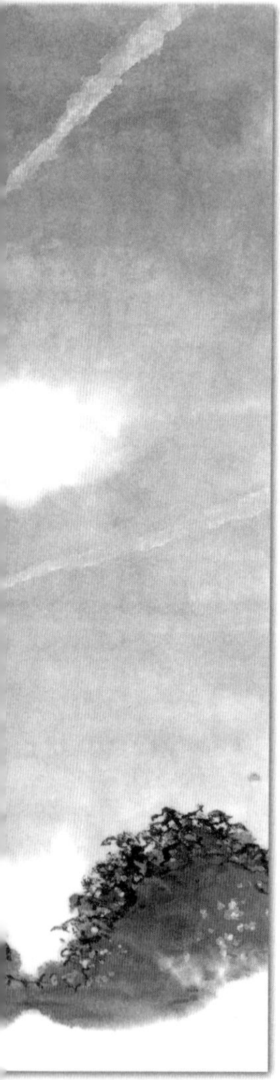

パリの空

オルセー美術館のレストランの窓から、パリの夏の空。見上げていつも思うのは飛行機雲の多さ。自然と「世界がパリに恋してる」って言葉が、ポカンと開いた口からもれてしまう。その青空もたちまち、わいてきた雲に覆われていった。何やら館内アナウンス。間もなく閉館するので出ていけ、ということらしい。ミュージアムショップでHENRI RIVIÈREという画家が1888～1902年の間に描いた「エッフェル塔36景」という画集を買う。もちろん「富嶽三十六景」にインスパイアされたもの。しかしタッチは北斎《ほくさい》というより明治の浮世絵師小林清親《こばやしきよちか》に近いと感じた。過ぎ去りしパリの情景。

1個のパニーニを
2人で食べ歩きしていたら
ホームレスのオヅさんに
ひやかされた
フランス国籍のホームレスは
高等遊民だとか…
ボナペチ～
召しあがれ

Date
2011.07

東京からの距離
✈9,722 km

緯度経度
北緯 48°51′ | 東経 02°21′

Episode
006

Country
United Kingdom
イギリス

City
London
ロンドン

ハムステッドの古いパブ

パリ滞在中、知人に会う為、ユーロスターに乗り、ロンドンへ。ロンドン北の郊外の町、ハムステッドにある古いパブ。何でも1585年から400年以上、ここで営業しているらしい。確かに、２階に上がってみると古い板張りの床はデコボコに波打ち、相当年季が入っている感じ。何よりも面白かったのは、店の前の結構交通量の多い街道が、道の向こうに立っているこの店の別棟との間で狭められ、ここだけ対向車が交互に譲り合って通るようになっていることだ。何だかこんなところに、多少の不便より伝統を大事にする精神を感じて心地良い。思わず、その一車線の幅の街道を、馬車や旅人が行き来していた16世紀末のイングランドの光景を想像してしまった。

Date
2011.07

東京からの距離
9,569 km

緯度経度
北緯 51°30′ | 西経 00°7′

25年前に住んでいた寮が、幼稚園になっていた。
街並みは変わってないけれど、人はどんどん変わってゆく。

Episode
007

Country
United Kingdom
イギリス

City
London
ロンドン

サヴォイホテルの窓から眺めたビッグベン

　ご存知、大英帝国の象徴。実はイギリスに来たのは今回初めてなのに、この大時計塔の姿にはデジャヴを感じてしまうほど、子供の頃から絵や写真でお馴染み…。それなのにあえて絵に描こうか迷ったけれど、やはり実際に見ると今どきのどんな高層ビルとも違う重厚な存在感に心が震える。幕末や明治の初めに、この塔を仰ぎ見た我らがご先祖は、どれほどのショックを感じたろうと想像してしまう。ところでフランス印象派の画家クロード・モネはロンドンを訪れる度にサヴォイホテル6階の部屋から見たテムズ川やビッグベンを含むウエストミンスターの風景を描いていたということで、それにあやかってボクも同じホテルから見えるビッグベンを描いてみた。

Date
2011.07

東京からの距離
✈9,569 km

緯度経度
北緯 51°30′ | 西経 00°7′

Episode
008

Country
France
フランス

City
Champagne
シャンパーニュ

シャンパーニュのナポレオン

パリ盆地東部、シャンパーニュ地方はシャンパンの産地。ここは1743年創立のモエ・エ・シャンドンのカーブです。岩をくり抜き、壁を石で覆った長大なトンネルの中で眠る無数のシャンパンに圧倒されます。興味深かったのは、この工場を1807年にナポレオンⅠ世が初訪問し、その後も創立者クロード・モエと親交を重ねたという記録。地中海のコルシカ島で生まれたナポレオンは、少年の頃にこの地の陸軍幼年学校に入学。当時は、イタリア語なまりが抜けず、学友たちにからかわれていたというエピソードがあるそうです。ちょっとほろ苦い思い出もありそうなこの地を、皇帝となったナポレオンはどのような気持ちで訪れたのか想像してみたら、歴史上の人物が、何だか身近に感じてきました。

Date
2011.07

東京からの距離
✈9,980 km

緯度経度
北緯 48°01′ | 東経 00°20′

Country
France
フランス

City
Giverny
ジヴェルニー

ジヴェルニー、モネの庭にて

　印象派の画家モネが晩年を過ごした、パリ北西80kmノルマンディー地方ジヴェルニーの邸宅です。この池は、彼の代表的な作品『睡蓮』の描かれた舞台。柳や藤も植樹した日本庭園。庭内に引き込んだ小川のせせらぎは川藻を揺らし、竹林の間を巡ってゆきます。見事に日本の田舎の屋敷林風景が再現されているように思えました。これ程のジャポニズムの持ち主でありながら、モネ自身は日本を訪れる機会は無かったと言います。遠い異国に想いを馳せながら絵筆を握る画家の姿が、今にも水面に写り込みそうな気がしました。

Date
2011.07

東京からの距離
✈ *9,734* km

緯度経度
北緯 *49°04′* ｜ 東経 *01°31′*

Episode
010

Country
France
フランス

City
Lyon
リヨン

リヨンにて

リヨンのソーヌ川沿いにある旧市街は、狭い石畳の街並み。ナポレオン３世によってハデハデに改装される前の、古いパリの街並みを彷彿させてくれるのだとか…。この旧市街のあちこちにあるトラブールと呼ばれる路地は、建物群の内部の通り道を意味するリヨン独特のもの。日本風に言えば『抜けられます』ってことですね。でも知らないとちょっと勇気がいります。目の前の、まるで排水口のようなトンネルを、カップルがささやきながら登ってゆく。迷宮の恋人たち…この道はどこに抜けるのだろう。

現地でガイドをお願いした日本女子
R嬢(大学院生)地下鉄でボクのバッグを
触った少年をとっちめる. 5歳からパリで育った
パリジェンヌ. 心強し!

Date
2011.07

東京からの距離
9,901 km

緯度経度
北緯 45°45′ | 東経 04°50′

7.27

Episode 011 | Country France フランス | City Lyon リヨン

ミニチュアと映画の博物館

リヨンの旧市街で立ち寄ったのが『ミニチュアと映画の博物館』。一階に展示された『パフューム』のセットが迫力。その他にも数々のＳＦ、ホラー映画の小道具やら、特殊メイク用のマスクやら、19世紀ヨーロッパで流行ったドールハウスまで、見応えがある。建物もルネッサンス期以来のものか、石の階段がすり減って黒光り。ムードは満点。最上階まで登ると、ガラス張りの明るい工房の中で、なんと館長さんご本人が人形作りの真っ最中。真剣に丁寧に物を作る職人たちの住む街っていいなあ。

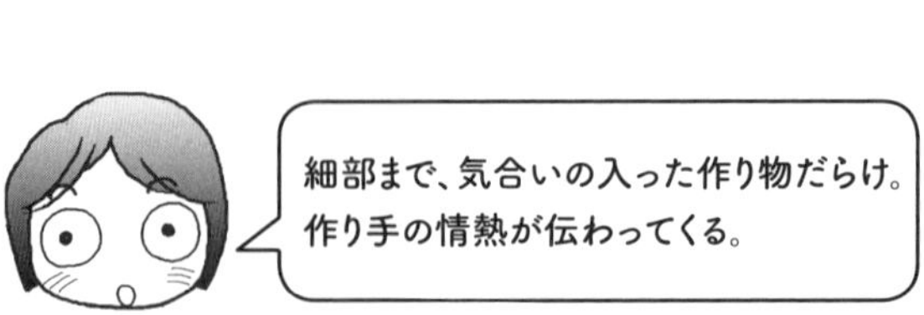
細部まで、気合いの入った作り物だらけ。
作り手の情熱が伝わってくる。

Date 2011.07 | 東京からの距離 ✈9,901 km | 緯度経度 北緯 45°45′ | 東経 04°50′

Episode
012

Country
France
フランス

City
Chamonix
シャモニー

シャモニーにて

フランスアルプス、ヨーロッパ最高峰モンブランの麓の町シャモニーで迎えてくれたYさんは、在仏40年になる日本人唯一のフランス政府公認スキー教師。Yさんの案内で町はずれの岩登りゲレンデに行く。広大な岩壁に老若男女のクライマーたち。ほんの4、5歳の子まで親と一緒に『岩壁あそび』している。フランスでは、岩登りは学校の授業に組み込まれる程メジャーなんだそうな。と、そこに現れた小柄なおじさん。Yさんの知り合いのジャン・ピエール・シレさん。クリスタリエと呼ばれ、アルプスの山中から貴重な輝石を掘り当てる名人のひとり。「どんなところに水晶はあるんですか」と聞くと、ポケットからエンピツの先のような小さな水晶を取り出し「今そこの石っころの中からひろったんだよ」とニヤリ。それから毎日地面ばかり見て歩いたけど、何も拾えず。

Date
2011.08

東京からの距離
9,794 km

緯度経度
北緯 45°55′ | 東経 06°52′

BILLET TRAJET SIMPLE
TARIF MONT BLANC
Pour être valable, ce titre doit être composté lors de l'accès au train.
SNCF
7016 00201 4
Bénéficiaire(s)
01ADULTE
CHAMONIX MONT BLA / SAINT GERVAIS LES
UTILISABLE DU 09/08/2011 AU 15/08/2011
LE JOUR DU COMPOSTAGE
LES AUTOCARS ET TRAINS TER
Prix
EUR **5,10
FRF **33,45

Episode
013

Country
France
フランス

City
Chamonix
シャモニー

ドリュー峰

いつも白いベレー帽のような万年雪をかぶったモンブランは、フランス側から見ると丸くてどこが山頂か解らない感じだ。けれど対照的なのは、その東側に針のように聳《そび》えるドリュー峰。私は以前『クライマー列伝』という山岳マンガのシリーズの中でこの山を描いたことがあるので、特別な思い入れがある。ここに描いたシャモニーから見える西壁は、今までに何度も壁面が崩落したそうで（垂直にツルッとした壁面）最近の大崩落は2005年６月。小崩落なら数年おきに…山は不動ではなく動いているのだと実感する。そんなヤバイ（？）大岩壁の大崩落後の初登坂をねらっているクライマーがたくさんいるとか…。

シャモニーの山道を
ハイキング 息子はフランス
在住の友人の娘たち(10代)と
駆け登る
齢かんじるわ〜

Date
2011.08

東京からの距離
9,794 km

緯度経度
北緯 45°55′ | 東経 06°52′

Episode
014

Country
France
フランス

City
Chamonix
シャモニー

モンブランガイド協会

シャモニーの街中にあるモンブランガイド協会の建物の前。何やら楽しそうに話し込んでいるのは山岳ガイドと登山客達です…えっ？　それの何が特別なのかって？　いや、ごもっとも。しかし地元在住のYさんによると、この中には100年以上前から何代にもわたりガイドをしている人と、同じく代々の登山客がいて、ここは彼らが落ち合う特別な場でもあるというのです。時には「あんたはオヤジさんに比べてまだ経験不足だから、その山に登るのは早いね」とか言われることもあるとか。このガイド協会ができたのは1821年。どうです、歴史と伝統を感じさせるなんとも渋いシーンに見えてきませんか？

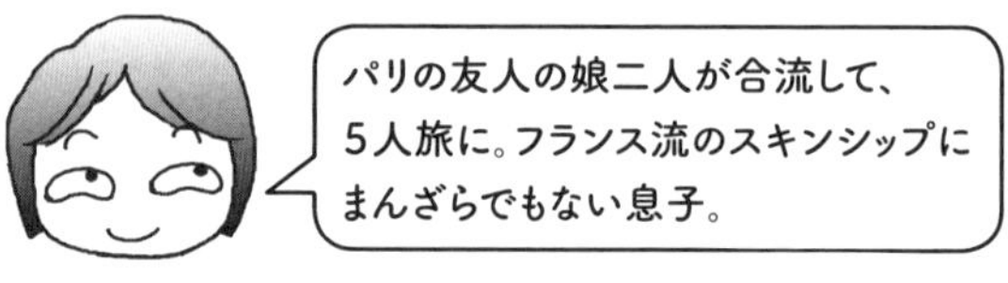
パリの友人の娘二人が合流して、
5人旅に。フランス流のスキンシップに
まんざらでもない息子。

Date
2011.08

東京からの距離
9,794 km

緯度経度
北緯 45°55′ | 東経 06°52′

Episode
015

Country
Switzerland
スイス

City
Zermatt
ツェルマット

ツェルマットにて

スイス、マッターホルン山麓の町ツェルマットに移動。街中の路地からも見える厳しく美しく雄大な山容に圧倒されます。この絵にも描いた教会の墓地には、マッターホルンをはじめツェルマットの山々に挑んで散った多くの登山家たちの墓があるので有名です。遺族が刻んだ墓石の碑文に目をとめ「HE WAS KILLED…」の文章に一瞬ドキリ。なんと「彼は山に殺された」と書いてあるのです。本来欧米人は、日本人のように高峰を神聖な対象とは考えず、人を寄せつけぬ高山には悪魔が棲んでおり、人が戦って征服すべき対象だと思っていたとのこと…だとしたら彼らにとって山での遭難は「戦死」に近いものだったのかもしれませんね。

RUGEN BRÄU
LAGER HELL
DER BIERGENUSS AUS DEM BERNER OBERLAND
e 50 cl

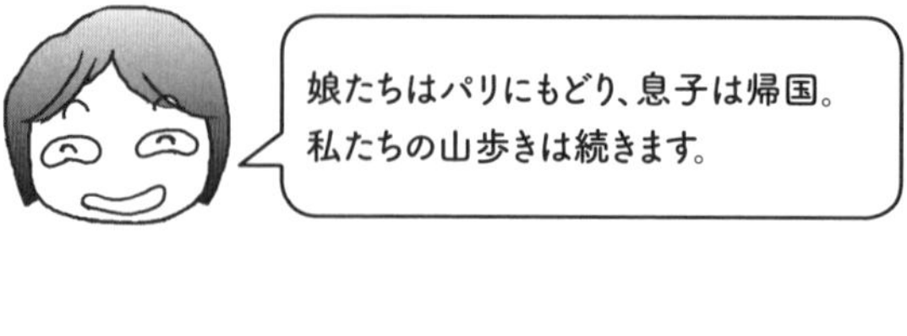
娘たちはパリにもどり、息子は帰国。
私たちの山歩きは続きます。

Date
2011.08

東京からの距離
✈9,745 km

緯度経度
北緯 46°01′ | 東経 07°45′

Episode
016

Country
Switzerland
スイス

City
Zermatt
ツェルマット

マッターホルン

８月の終わりの黄昏時《たそがれどき》。標高3000mオーバーのゴルナーグラート山頂からツェルマットの町へと登山電車で下ってゆきます。谷底の街は早くも夜のベールに包まれようとして…。こんな時刻、残照を北壁にあびて静かに屹立しているマッターホルンが、私は好きになりました。この夏はほんとうによく歩きました。毎朝、滞在しているアパートの横の道を歩いてゆくツアー客も、もう夏休みも終わりのせいか日本人が減り、かわりに中国語や韓国語が多く飛び交うようになってきました。確かにここの風景とホスピタリティはアジアにはありませんよね。ここは世界中の人々を惹きつける魔法の谷。

なんと！乳母車でのハイキング

Date
2011.08

東京からの距離
9,745 km

緯度経度
北緯 46°01′ | 東経 07°45′

Episode
017

Country
Switzerland
スイス

City
Zurich
チューリッヒ

チューリッヒ湖

スイスの主要都市チューリッヒ。チューリッヒは湖畔の古い街です。この日は休日のせいもあって、湖畔は過ぎゆく夏の陽光を惜しむ人々がワンサカ。無数のボートやヨット、白鳥までが浮かんでちょっとしたラッシュアワー。全開でアウトドアを楽しもうとする人々の意志が伝わってきます。さらに知人のアパートを訪ねると、そこには何10センチもの厚い鉄扉に守られた核シェルターがありました。設置が義務付けられているとか。「生き残る」という目的にどこまでも真剣で周到な、この国の強さを見せつけられた気分です。

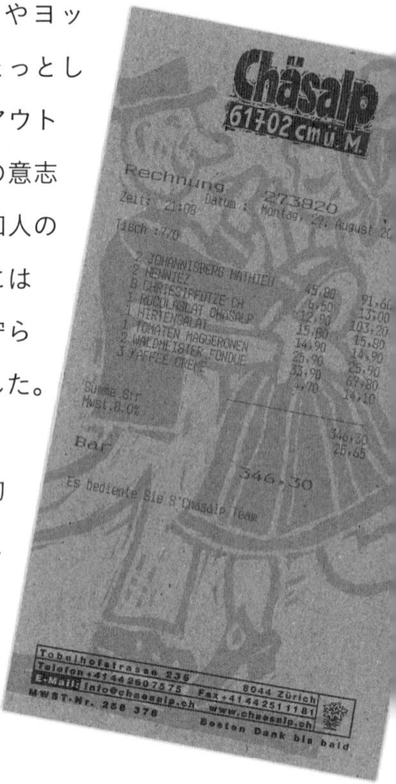

Date
2011.08

東京からの距離
9,588 km

緯度経度
北緯 47°22″ | 東経 08°32′

急坂で転倒、骨折？ 帰国か？！ と思ったが、
手首ねんざで済みました。イテテ。

Episode
018

Country
Italy
イタリア

City
Milano
ミラノ

Date
2011.09

東京からの距離
✈9,726 km

緯度経度
北緯 45°28′ | 東経 09°10′

ミラノ中央駅

９月はじめスイスからイタリアのミラノへ。ホテルの部屋に入ってすぐ、カラのはずのセーフティボックスの側面に革の財布を発見。中には何と高額スイスフラン紙幣が数百万円?!　ネコババは寝ざめが悪いとマネージャーに通報すると、感謝のしるしかシャンペンを一本…ま、いいか。これはイタリアからのウェルカムシャンペンだ。翌朝ベネチアに行くためにミラノ駅へ。こちらは列車到着ギリギリまでプラットホームが表示されず、列車が滑り込むと、みな一斉に車両に殺到する。そのドサクサの中で、同行している妻がリュックの中の財布をスられた。これもイタリア式歓迎？

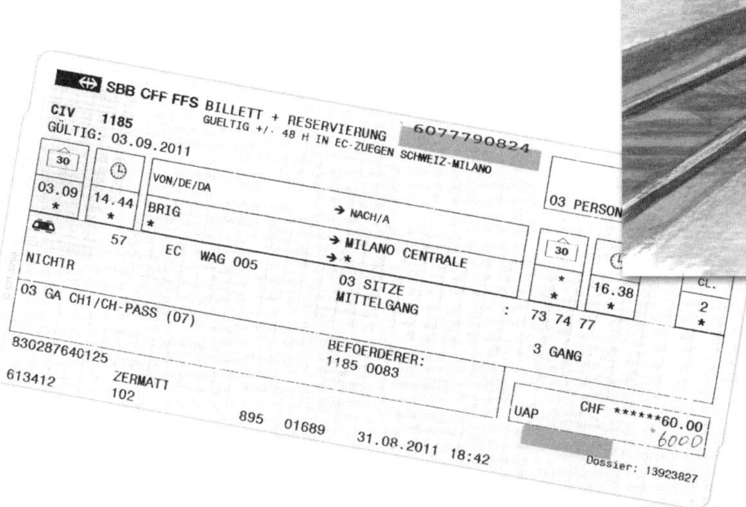

Episode
019

Country
Italy
イタリア

City
Venezia
ベネチア

ベネチアにて

とんだスリ騒ぎもありましたが、何とか気をとりなおしてベネチアへ。当日は毎年９月の第一日曜日に開催されるイベント「歴史的レガッタ」の日とあって、カナールグランデはゴンドラ舟の大パレード。混み合う狭い街路を抜けてサンマルコ広場へ。それにしても蒸し暑い。ようやく、この海に面したゴンドラ乗り場前のカフェでノドを潤すことが出来ました。この後もヨーロッパ中の美術館で、まさにこのあたりを描いた絵をたくさん見ることになります。ヨーロッパの人達にとってベネチアが特別な憧れの場所であったことがわかります。

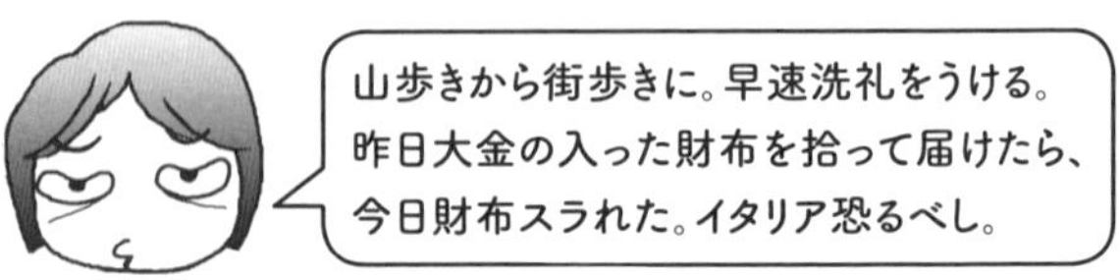
山歩きから街歩きに。早速洗礼をうける。
昨日大金の入った財布を拾って届けたら、
今日財布スられた。イタリア恐るべし。

Date
2011.09

東京からの距離
9,573 km

緯度経度
北緯 45°26′ | 東経 12°18′

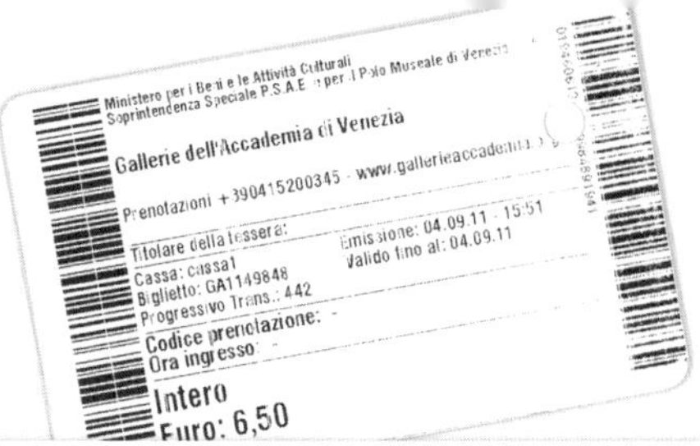
Ministero per i Beni e le Attività Culturali
Soprintendenza Speciale P.S.A.E
Gallerie dell'Accademia di Venezia
Prenotazioni +390415200345
Titolare della tessera:
Emissione: 04.09.11 - 15:51
Valido fino al: 04.09.11
Cassa: cassa1
Biglietto: GA1149848
Progressivo Trans.: 442
Codice prenotazione: -
Ora ingresso: -
Intero
Euro: 6,50

Episode
020

Country
Italy
イタリア

City
Roma
ローマ

Date
2011.09

東京からの距離
9,864 km

緯度経度
北緯 41°54′ | 東経 12°29′

スペイン広場の夕空

ミラノからローマに入った日の夕方、散歩がてらスペイン広場へ。これは階段の上のトリニタ・ディ・モンティ教会からの眺めです。幸いに、この日は長い旅行の中でも屈指の美しい夕焼けに出会うことが出来ました。空も建物もピンクに染まり、カラーでお見せ出来ないのが少し残念。

Country
Italy
イタリア

City
Roma
ローマ

地中海クルーズ

　ローマ発着で10日間の地中海クルーズをしてみることにしました。我々が乗るのは、この右側の船（！）でなんと15万トン以上。左側の船が小さく見えますがこの船だって1〜2万トンはある立派な船ですから、その大きさを想像してみてください。アメリカ船籍で、乗客とクルー合わせて5000人。日本人は何人いるんだろう……。とにもかくにも、人生初のクルーズに行ってきまーす。

Date
2011.09

東京からの距離
✈ *9,864* km

Episode
022

Country
Italy
イタリア

City
Sicily
シチリア

ゴッド・ファーザーの島

シチリア島(シシリー島)のサヴォガ村は、映画「ゴッド・ファーザー」の撮影地として有名。丘の上のサン・ニコロ教会は、アル・パチーノが演じたマイケルがアポロニアと結婚式をあげた教会です。観光用の人型看板は複雑な鏡面仕上げで、そこにゆがんで写りこんでいるのも作中にでてくるBar Vitelli。それにしても、港からの道中、ほとんどオリーブとレモンしか育たないようなハゲ山と、季節がらか完全に干上がった川ばかり。この痩せた土地が、マフィア的な結社を生んだ理由なのでしょうか。

Date
2011.09

東京からの距離
✈10,142 km

緯度経度
北緯 37°36' | 東経 14°00'

F.F.COPPOLA

Episode
023

Country
Turkey
トルコ

City
Ephesus
エフェソス

さらばエフェソス

ギリシャ、アテネのアクロポリスを訪れた翌朝、トルコにあるローマ時代の遺跡エフェソスを見物。適度な広さの遺跡の中に、劇場あり、公衆水洗トイレあり、立派な図書館ありと盛りだくさん。しかし何よりミステリアスなのは、今は海から10数キロも離れた丘にあるこの遺跡が、もとはエーゲ海を臨む港町として栄えたということ。さて、遺跡を後にして夕刻、船はクシャダスの港を出航。波おだやかな地中海では航海中まるで揺れない15万トンの巨船が、この時だけは身震いする。一番操船の難しい瞬間で「山を動かすようで最高なんだ」とは、後にブリッジツアーで聞いたキャプテンの言葉です。

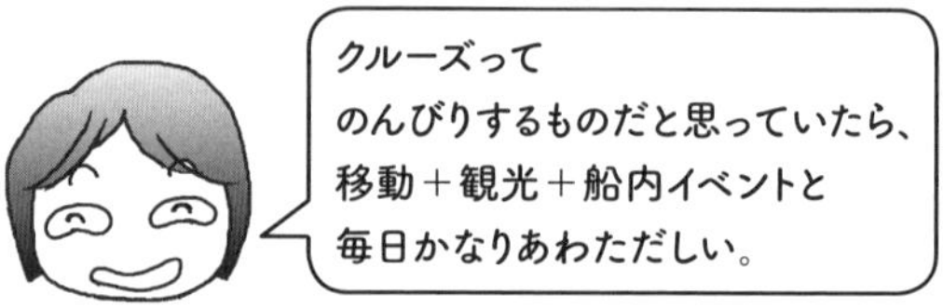
クルーズって
のんびりするものだと思っていたら、
移動＋観光＋船内イベントと
毎日かなりあわただしい。

Date
2011.09

東京からの距離
✈9,282 km

緯度経度
北緯 37°56′ | 東経 27°20′

Episode
024

Country
Greece
ギリシャ

City
Mykonos
ミコノス

ミコノスのペリカン

エーゲ海クルーズは思った以上にあわただしく、一晩中航海した船は、ほぼ毎日夜明け頃に港に着き朝８時頃にはバスで観光に出発。そして午後３時頃までには帰船し、夕方５時頃には出航して次の目的地へ…。都合12時間ぐらいしか滞在しない。とにかく係留費がべらぼうな額だということだ。さて、そんなパターンで、有名なロードス島、サントリーニ島をめぐり、今日はミコノス島。港町はブラブラ歩きするにはとても良い町。ビーチでは名物のペリカン君が人と一緒に日光浴？　なんとも平和な光景に思わずホッコリ。

ビダ!
ビダ!
岩場ではオバちゃんが
タコやわらかくする調理中

Date
2011.09

東京からの距離
9,451 km

緯度経度
北緯 37°27′ | 東経 25°21′

Episode
025

Country
Italy
イタリア

City
Pompeii
ポンペイ

テルマエ・ポンペイ(?)

あのヒット作『テルマエ・ロマエ』はラテン語で「ローマの風呂」という意味だとか。ラテン語でポンペイをどう発音するかは知りませんが、とにかくこれは、ポンペイの公衆浴場内の壁を飾る阿部寛…じゃなくてヘラクレスのような像です。ご存知ポンペイは、2千年前に一瞬にして消滅したローマ帝国の町。よく見れば高熱の火山灰か火砕流で、石像の肌にも焼けただれたような痕跡が…。その時、彼はこの浴場でどんな悲劇を目撃したのでしょうか。

Date
2011.09

東京からの距離
9,851 km

緯度経度
北緯 40°45′ | 東経 14°29′

Episode
026

Country
Italy
イタリア

City
Roma
ローマ

ローマの松

10日ぶりにローマへ戻って来ました。これは、市内のローマ時代の遺跡フォロ・ロマーノに面したパラティーノの丘で見たイタリア傘松《かさまつ》です。この松は、松かさが赤ん坊の頭くらい大きくて、松の実はバジルペーストを作る時に欠かせないそうです。イタリア傘松とは自然にこういう形に育つことを知らなかった私は、これらはみんな剪定してこういう姿に整えるのかと見ていました。「だったら、いったいイタリアにはどれだけの数の植木職人がいるのか…」と思ってました（笑）。後に風景画を見て、この松が描かれていれば「ああ、これはイタリアの風景だな」と思って鑑賞することができる便利な目印になりました。

Date
2011.09

東京からの距離
✈9,864 km

緯度経度
北緯 41°54′ | 東経 12°29′

Episode
027

Country
Italy
イタリア

City
Roma
ローマ

フォロ・ロマーノ

フォロは広場という意味で、この遺跡は古代ローマ共同の広場であり、共和政治が生まれた古代ローマ帝国の中心地。しかし、帝国滅亡後は荒廃し、ルネサンス時代には牛を放牧する原っぱになっていたとか。確かにその頃の様子を描いた絵は何枚も目にしましたが、もっと円柱や建物跡が多かったような気が…。それもそのはず、なんでもここは長年豊富な大理石の採石場として利用され、遺跡の石はヨーロッパ中の建物や彫刻に生まれ変わったそうな。もったいない気もしますが、遺跡もどんどんリサイクルしちゃう感覚は、石の文化の人たちならではのものなのでしょう。

Date
2011.09

東京からの距離
9,864 km

緯度経度
北緯 41°54′ 東経 12°29′

Episode
028

Country
Italy
イタリア

City
Roma
ローマ

Date
2011.09

東京からの距離
9,864 km

緯度経度
北緯 41°54′ | 東経 12°29′

トラヤヌスの市場

トラヤヌスは、ローマ帝国の領土を史上最大にした皇帝。その人が造ったこの市場は、およそ二千年昔の建物ってことです。もちろん補強はしてあるのでしょうが、今もそのまま商品の展示場として利用されています。この時は、イタリアンデザインの椅子が陳列してありました。二千年もの時を経た建物を実用に使う普通さに、ローマがいかに古代ローマの上に重なるようにして造られた町かということを、思い知らされた気がしました。

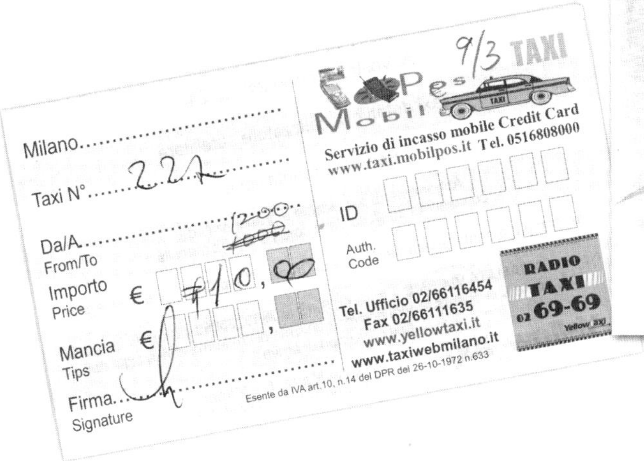

Episode
029

Country
Italy
イタリア

City
Roma
ローマ

魚たちの逆襲

そろそろパスタにも飽きた、魚料理でも食べようかと思ってのぞいたシーフードレストランのショウウインドウ。どうです、この海の底からわき出てきたようなド迫力！　まるで生きているかのようなディスプレイの仕方は、後にヨーロッパのあちこちで見かけることになるのですが、最初に見たこの時は驚きました。新鮮さを強調しているのかもしれませんが、こう強面では食欲も半減。おまけに体のほとんどをせっかくのクラッシャーアイスから出していたんじゃあ逆に鮮度も劣るんじゃないのか…ほら、あの睨んだ目も少し曇っているし…と、まあ魚に対するやかましさに、我ながら日本人であることを再確認しました。結局この夜も、パスタとワインでした。

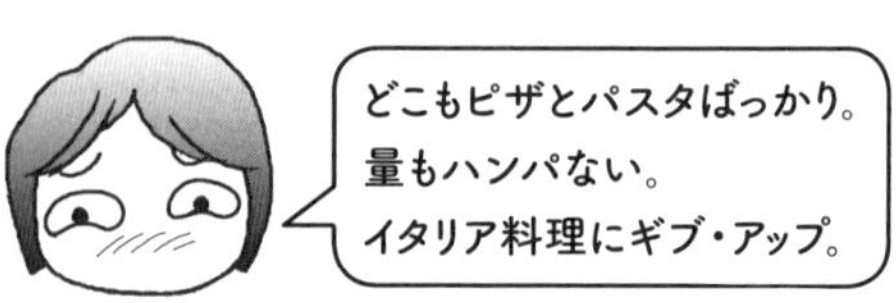
どこもピザとパスタばっかり。
量もハンパない。
イタリア料理にギブ・アップ。

Date
2011.09

東京からの距離
✈9,864 km

緯度経度
北緯 41°54′ | 東経 12°29′

Episode
030

Country
Italy
イタリア

City
Florence
フィレンツェ

Date
2011.09

東京からの距離
9,770 km

緯度経度
北緯 43°47′ | 東経 11°15′

フィレンツェの鳩

フィレンツェにやってきました。目の前にそびえ立つのは、世界有数の大聖堂であるドゥオーモとジョットの鐘楼です。この絶景が見えるポイントは中心街のデパートの屋上の小さなカフェ。昼間、郊外の絶景ポイントで出会った現地の老夫婦に「街中にもお気に入りの場所がある」と教わったのがここです。なるほど、この景色をつまみに飲むワインはとてもうまい！　そろそろ大聖堂にあたる西日がバラ色に変わってきました。日没まで長居して飲み続けるつもりです。観光地名物（？）の鳩たちが客のパンくずを狙ってやたら近づいてきます。ドヤ顔で「どうだい、俺たちの街イケてるだろ？」とでも言っているような気がします。今回の長い旅の中でも、フィレンツェは特にじっくりと滞在してみたかった街です。どんなものに出会えるのか、とても楽しみになってきました。

Episode
031

Country
Italy
イタリア

City
Florence
フィレンツェ

ベルヴェデーレ砦からの眺め

外部からフィレンツェ市街への攻撃を防ぐために造られたこの砦の前面には、背後のフィレンツェ市街とはまるで違う、緑ゆたかな田園が広がります。きっとこの風景も中世の頃とほとんど変わらないのでしょう。見渡すかぎりの果樹園の道を歩いてみたくて、後日、足を運びました。そこは小路の両側に高い石の塀がどこまでも続き、意外にも緑の果樹園など覗くことができないのです。農家とはいえ、あくまでも外敵から身を守ろうとするその構えに、荒々しい戦さを幾度も越えてきた、この街の歴史を感じさせられました。

Date
2011.09

東京からの距離
✈9,770 km

緯度経度
北緯 43°47′ | 東経 11°15′

Episode
032

Country
Italy
イタリア

City
Florence
フィレンツェ

宮殿と呼ばれる古い屋敷の窓から

フィレンツェ市街の中心部。14世紀に建てられた古い屋敷が博物館になっている。商人の屋敷がなぜ宮殿と呼ばれたのか？　15世紀より18世紀までこの町やトスカーナ地方の支配者として君臨し、ヨーロッパ文化に多大な影響を与えたメディチ家も銀行家の出身。ここは商人の作った都市なのだと、妙に納得。当時この町をおそった黒死病（ペスト）によって一家全員が死に絶えたといいます。これは、その主人の部屋の窓からみた風景。死の病に取りつかれた彼ら一家が終わりに見た風景はこれと同じものなのでしょうか…。この屋敷の展示は、中世の水回りも生々しく再現されていて、薄暗い室内には、600年前の瘴《しょう》気《き》がまだ澱《よど》んでいるような気さえします。

Date
2011.09

東京からの距離
✈9,770 km

緯度経度
北緯 43°47′ | 東経 11°15′

Episode
033

Country
Italy
イタリア

City
Florence
フィレンツェ

ヴェッキオ橋の秘密の回廊

ヴェッキオ橋は14世紀に造られた古い橋。16世紀、メディチ家のコジモ一世が、この近くにあるピッティ宮殿を買い取り、河の対岸にあるヴェッキオ宮殿からウフィーツイ宮殿を抜け、ヴェッキオ橋上を渡ってピッティ宮殿まで達する長い秘密の通路を作り上げました。設計者の名にちなんでヴァザーリの廊下と呼ばれています。この絵の上部、丸い窓が並んでいる部分がそれです。建設中、この橋のたもとにあった店が断固として自分の店の上に通路を作ることを拒否。仕方なしにこのように建物の外壁に張り付くように廊下を通すことになりました。輿《こし》に乗って宮殿から宮殿を移動していたコジモ大公も、ここだけは狭すぎて輿から降りて歩いたということです。支配者メディチ家の要請をはねつけた商人の心意気たるや、なかなかに痛快ですが、大公がその権力で無理やり押し通そうとしないのも、元は同じ商人だからと思うと、腑に落ちる。

Date
2011.09

東京からの距離
9,770 km

緯度経度
北緯 43°47' | 東経 11°15'

Episode
034

Country
Italy
イタリア

City
Florence
フィレンツェ

フィレンツェの駆け込み寺

宿泊したホテルの部屋の目の前に、淡いピンクの壁と白い鐘楼を持つ尼僧の修道院がありました。調べてみると、ドイツ語やフランス語に「フィレンツェの悪徳」という言葉が出るほどに、中世からルネッサンスにかけて、この町では売春、不倫そして男色が蔓延していたといいます。そして、女性の罪人、姦通者、不幸な結婚や境遇から逃れたい女性を受け入れる為に、いくつかの修道院が設けられたと。もっとも、駆け込んでも資金不足から、生活は惨めを極め、しばしば虐待されることもあったとか。今ではそんな過去を少しも感じさせない明るいたたずまいに、逆に歴史の裏の影の濃さを感じました。

Date
2011.09

東京からの距離
9,770 km

緯度経度
北緯 43°47′ | 東経 11°15′

Episode
035

Country
Italy
イタリア

City
Florence
フィレンツェ

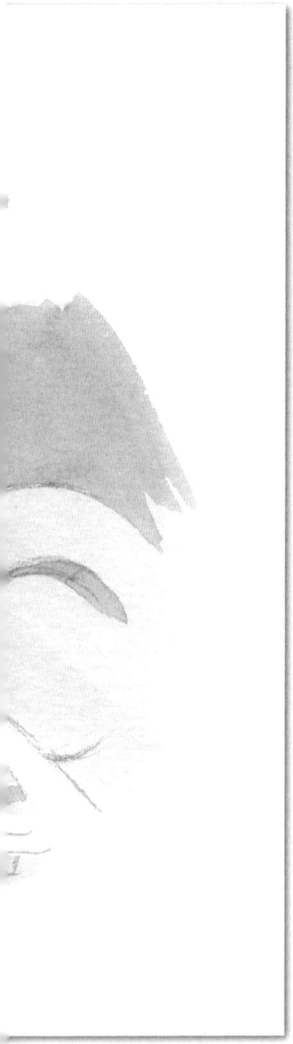

石の絵画

ヨーロッパの美術館には、たくさんの絵や彫刻と共に、実に華麗な輝石モザイクで飾られたテーブルや、絵画が陳列されています。これはフィレンツェ風モザイクとよばれる、この地方独特の芸術品で、かつてはヨーロッパ中の王侯貴族たちが競うように所有したものだそうです。その名作の数々は輝石美術館で見ることができます。私はオリーブを描いた、小さな輝石絵を購入。工房でその製作者に会うことができました。昔は300人以上いたという職人も、今ではわずか30人程とか。握手をした手は、力強い石工の手。しかもニコリともしない。職人の町の心意気が伝わってくるようでした。

Date
2011.09

東京からの距離
9,770 km

緯度経度
北緯 43°47′ | 東経 11°15′

Episode 036 | Country Italy イタリア | City Florence フィレンツェ

人体標本「パーティーにようこそ！」

ここは動物学博物館。メディチ家の科学コレクションを集めたところです。動物標本コレクションも見事ですが、何といっても迫力があるのは、かつてこの館内で製作されたという約600体に及ぶ蝋の解剖標本コレクション。その出来栄えのリアルさには、もう圧倒されます。しかもここは入館者が非常に少なく、何百という解剖人体に囲まれながらも、この静けさ…。正直こういうの苦手な人にはおすすめしませんが、近代西欧医学の人体に対する探究心の強さを、とことん感じることが出来ました。

首輪のアト
15世紀メディチ家の動物園で飼われてた
最古のカバのハクセイ（妙にその栄華を実感）

Date 2011.09 | 東京からの距離 ✈9,770 km | 緯度経度 北緯 43°47′ | 東経 11°15′

Episode
037

Country
Italy
イタリア

City
Florence
フィレンツェ

Date
2011.09

東京からの距離
✈9,770 km

緯度経度
北緯 43°47′ | 東経 11°15′

ヴェッキオ橋

1345年に建築されたヴェッキオ橋は、先の大戦での空襲にも唯一無傷で残った奇跡の橋だそうです。フィレンツェ滞在中、何度もこの橋を渡り、河畔で休憩する時には、中世的な味わいのあるたたずまいに、心を動かされました。ですから、フィレンツェのシメの絵は、やはりこの橋。プッチーニの歌劇「ジャンニ・スキッキ」でうたわれる『私のお父さん』。恋人との愛を許されないのならヴェッキオ橋から身を投げます、と歌い上げるあの甘美な歌声を聴きたくて、フィレンツェ最後の夜には、教会で開かれるコンサートに出かけます。

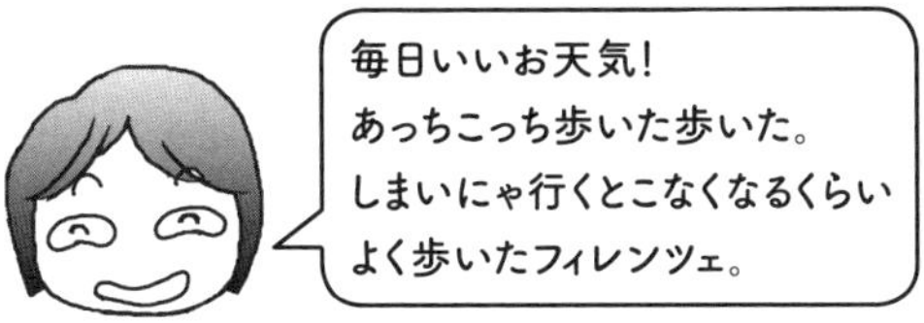

Episode
038

Country
United Kingdom
イギリス

City
London
ロンドン

Date
2011.10

東京からの距離
✈9,569 km

緯度経度
北緯 51°30′ | 西経 00°7′

ロックな町の原チャリ族(?)

10月のはじめ、フィレンツェから空路ロンドンに着きました。これから2か月間イギリス生活です。さてここロンドン市内の大規模マーケットのひとつ、カムデン・マーケットは特に若者や観光客に人気のマーケット。まるで信号が変わりしだい一勢にスタートを切りそうなずらりと並んだスクーターは、前輪が無く固定されている。実はオープンカフェの椅子として、設置されているのです。最初にこれを見た時は、吹き出してしまいました。強面でタトゥー入りのでっかいお兄さんが、ちょこたんとこの上に座って、にこにこと嬉しそうにコーラを飲んでいる姿は何ともユーモラス…こんな椅子、日本にもどこかにありませんか？

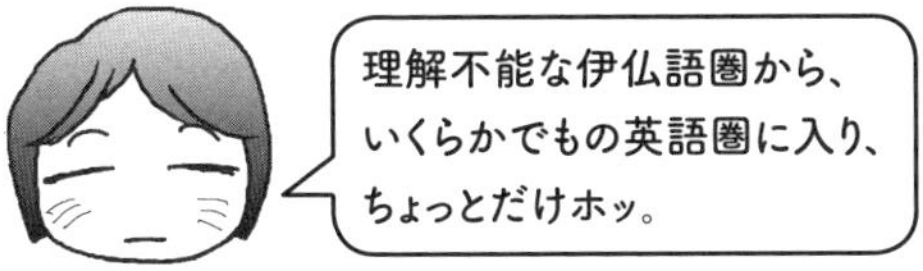
理解不能な伊仏語圏から、
いくらかでもの英語圏に入り、
ちょっとだけホッ。

Episode
039

Country
Scotland
スコットランド

City
Edinburgh
エジンバラ

黒い街エジンバラ

　地方を旅したくなり、電車に乗ってスコットランドの首都エジンバラへやってきました。重厚で落ち着いた雰囲気の街並みはいかにもバグパイプの音色が似合います。スコットランドというと厳しい気候風土を想像するけれど、エジンバラは意外と冬暖かく、夏は涼しい穏やかな海洋性気候の地なのだそうです。しかし…それにしても黒い。旧市街の古い建物など、石壁がみんな黒く染まっているのです。これも、この地独特の気候のせいでしょうか。この黒さが、ますますこの街の渋い魅力を増していると思います。ところで、これはナショナルミュージアムのレストランの窓からエジンバラ城をながめたところ。古城の背後、海の方から分厚い雲がせまっています。まもなく雨が降ってくるのでしょう。

Date
2011.10

東京からの距離
✈9,246 km

緯度経度
北緯 55°56′ | 西経 03°09′

Class
1ST
Ticket type
ANYTIME 1R
Adult
ONE
Child
NIL
OUT
Start Date
10·OCT·11
Number
76493 4691612129
Price
£390·00X
From
LONDON TERMINALS
Valid until
14·OCT·11
Validity
FIVE DAYS
Route
ANY PERMITTED
To
EDINBURGH *
2-PART RETURN

Please retain this ticket as proof of purchase.
Ticket valid on 11/10/2011
ADULT
EDINBURGH CASTLE
7510001002005427 60
TIME:10:40 11/10/2011
POS:2 TRANS:251699
Tickets are non-refundable / non transferable and not for resale.
Purchase of this ticket confirms your acceptance of our standard terms
and conditions available at: www.edinburghcastle.gov.uk
£ 14

Episode
040

Country
Scotland
スコットランド

City
Edinburgh
エジンバラ

Date
2011.10

東京からの距離
✈9,246 km

緯度経度
北緯 55°56′ | 西経 03°09′

世界で一番美しい橋

かのセントアンドリュースを訪ねたくてバスツアーに参加しました。マイクロバスの運転手さんがガイドを兼ねながら、エジンバラを出発。運転手さんは地元出身のおっちゃん。「昔のエジンバラはよかった。この街では、飛行機も何でも自前で作れるほど工業が栄えてた」と昔語りをひとくさり。「スコットランド人はポテトが大好き。オレの体はポテトで出来てるんだ」との言葉から、彼をポテト氏と呼ぶことにした。さて、そのポテト氏が途中「世界で一番美しい橋を見せてやる」と言って立ち寄ったのが、このフォース湾にかかるフォース鉄道橋。1890年に完成した2.5km余りの橋で、その姿から「鋼鉄の怪物」と呼ばれていたとか。なるほど超巨大な首長恐竜の骨格を見るようです。しかしこの橋のたもとに着いた時はあいにくのどしゃ降りで、すぐには車外に出られず、これは雨に濡れた車窓からの風景…過ぎ去りし鉄の時代…確かに少し悲しく、そして美しい。

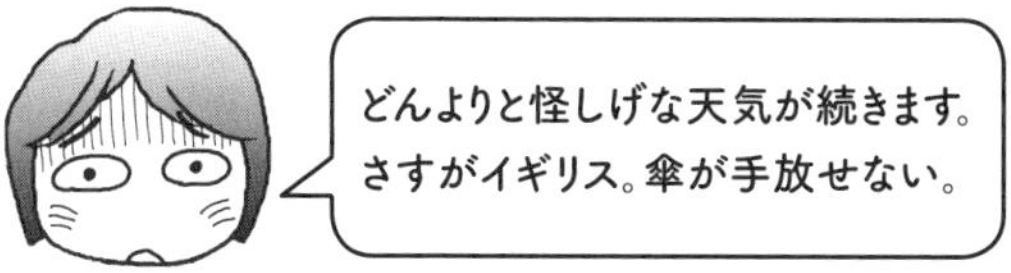
どんよりと怪しげな天気が続きます。
さすがイギリス。傘が手放せない。

Episode
041

Country
Scotland
スコットランド

City
St. Andrews
セントアンドリュース

セントアンドリュースのパットパットゴルフ

セントアンドリュースに向かう途中は、降ったり止んだり、なんとも気まぐれであやしい天候。しかしポテト氏は空をながめて「大丈夫、今日はいい天気になるぜ」とのたまう。本当かいな、と半信半疑だったが、セントアンドリュースの町に着いた頃には、空はトルコブルーに晴れわたり、ネイビーブルーの北海が目の前に広がった。しかも名物（？）と言われる強風もなく、とても穏やかだ。「トロピカル！」ポテト氏が高らかに宣言ーハイ、恐れ入りました。こんな素晴らしい天気の日に、ゴルフの聖地でゴルフのできる人はこの瞬間世界で一番幸せなゴルファーに違いない、と思う。その美しい緑のコースを横切ってクラブハウスに行くと、そのすぐ脇に誰でも遊べるパット練習場を発見。誰でもと書いたのは、まさにピンヒールをはいたレディでも、そのまま遊ばせているからです。しかし遊び場といってもグリーンは手入れされ、独特の起伏も本物と変わらぬ感じ。「さすがは…」と妙なところで感心してしまう。ちなみにここのクラブハウスで食べたクラブハウスサンドは美味でした！

Date
2011.10

東京からの距離
✈9,452 km

緯度経度
北緯 56°20′ | 西経 02°48′

Episode
042

Country
England
イングランド

City
Cumbria
カンブリア

Date
2011.10

東京からの距離
✈9,367 km

緯度経度
北緯 54°34′ | 西経 02°47′

WINDERMERE
LAKE CRUISES
Since 1848
A FREEDOM ADULT
RTN
£17.25
16/10/2011 11:55 007-01-30941

湖水地方へ

スコットランドのエディンバラからイングランドの北西部ウィンダミア湖畔の町アンブルサイドへ移動しました。10月ももう半ば。今月いっぱいで観光シーズンも終わりだとか。湖畔のベンチで年輪を感じさせる夫婦が静かに湖をながめて語り合っています。陽が照れば穏やかな小春日和となり、山々から雨雲が飛んでくると、たちまち向こう岸が雨にけぶる。時には白い風花が舞うことさえあります。まさに一日の間に四季があるような感じ…。私は少年の頃、イギリスの小説家ジェームス・ヒルトンの『チップス先生さようなら』を読んで以来、この湖水地方の風光に憧れをいだいていました。この閑寂《かんじゃく》で少しメランコリックなムードは、かつての少年に「大人の休日」といったものを教えてくれそうです。

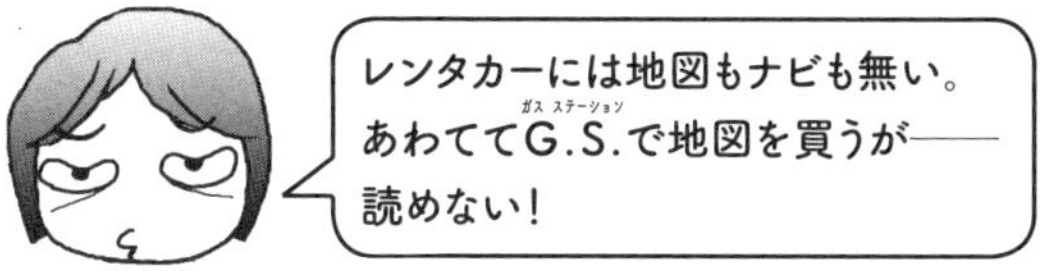
レンタカーには地図もナビも無い。
あわててG.S.《ガス ステーション》で地図を買うが——
読めない！

Episode
043

Country
England
イングランド

City
Cumbria
カンブリア

ピーター・ラビットとフットパス

フットパスって知ってました？　私はここに来て初めて知りました。簡単に言うと、イギリス発祥のフットパスは、国有地、私有地の別なく、主に通行者に通行権が保障されている道のことです。放牧地、ゴルフ場、崖、沼地等、危険を伴う所に設定されている道も、自己責任で通ることができ、長いものは1000kmを超えるとてつもない道もある（!!）この道は広々とした牧草地の中、遠くにゲートが見えますね。このゲートを通れば羊や牛は通さず人間だけ移動出来るように工夫されているわけです。ちなみに私は今『ピーター・ラビット』を著したビアトリクス・ポター女史が住んでいたソーリー村に向かっています。あちこちからラビットが顔を出しそうなこの牧草地は、実は雨を含んで所々ドロ沼のよう。おかげで、ハイキングシューズはたちまちドロ団子のよう。イギリスの人がよく、天気もいいのに長靴をはいて公園を散歩している理由がわかりました。

Qが頼んだ ジャケットポテト（皮つきポテト）
なんと赤ちゃんの頭の大きさが…

Date
2011.10

東京からの距離
9,367 km

緯度経度
北緯 54°34′ | 西経 02°47′

Episode 044 | Country England イングランド | City Cumbria カンブリア

ポター家の裏庭

どうです、いかにもイギリスの田園を思わせる風景だと思いませんか？　真ん中奥に見える屋敷は貴族のマナーハウスのように立派です。これは有名な『ピーター・ラビットのおはなし』を生んだ絵本作家で博物学者のビアトリクス・ポターさんの家の裏から見える風景です。え？なんで裏なのかって？　実は高名なポターさんの家は、おどろくほどこじんまりとした質素な家です。女史は絵本による莫大な印税やキャラクターグッズの売上で、広大な土地を購入しては、自然保護団体ナショナルトラストに寄贈し、生涯、湖水地方の自然保護に情熱を注いだ人。本当に立派です。しかし、ポターさんの家の（資料館になっている）案内係の人が、このごろは子供がよく「ねえ、ハリー・ポッターの家ってここなの？」って聞いてくるのよって嘆いていたのには、笑えました。

Date 2011.10 | 東京からの距離 ✈9,367 km | 緯度経度 北緯54°34′ | 西経02°47′

Episode
045

Country
England
イングランド

City
Cumbria
カンブリア

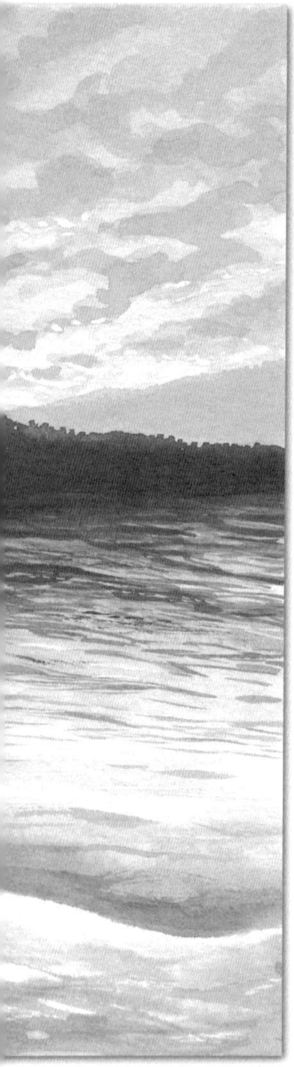

空と森と水と

湖の上を連絡線に乗ってアンブルサイドへ帰ります。これが今日の最終便。もう秋の陽は山の向こうに落ちました。連絡線は100年以上も昔からここで活躍しているというベテラン船。この湖水地方をこよなく愛したポターさんも、若い頃からこの船に乗ったことでしょう。昨日は一日中荒天で、ひょうまで降り、ホテルの部屋でポター女史の生涯を描いた映画を観て過ごしました。彼女の愛した空と森と水とが、夕暮れの光の中にゆったりと溶け合い、ひとつになっていく…。そして夜の帳《とばり》がおりると満天の星々と銀河。ありがとう、ポターさん。素敵な一週間でした。明日には、あなたが生まれたロンドンへ戻ります。

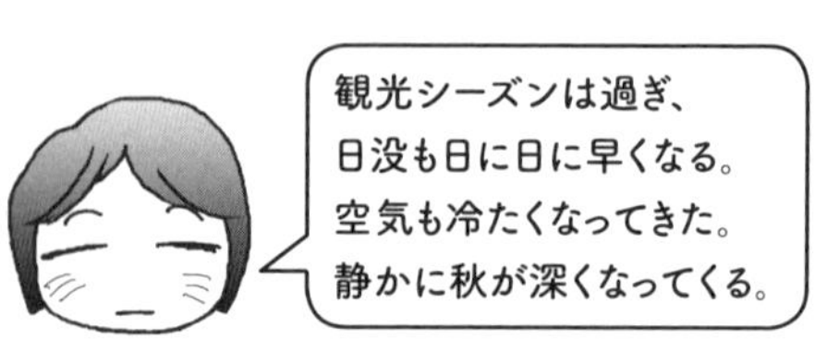
観光シーズンは過ぎ、
日没も日に日に早くなる。
空気も冷たくなってきた。
静かに秋が深くなってくる。

Date
2011.10

東京からの距離
9,367 km

緯度経度
北緯 54°34′ | 西経 02°47′

Episode
046

Country
United Kingdom
イギリス

City
London
ロンドン

ハロッズのフードホール

ハロッズは歴史と王室御用達として有名なデパート。観光名所のひとつでもあるからか、かつて私に英会話のレッスンをしてくれたポール先生（イングランド出身）によると「地元の人はハロッズなんかで買い物はしない」とのこと。だけどここで私と同じく世界中から集まったおのぼりさんと出会うと「ロンドンに来たー！！」って気分になるのです。さて、今日は、この１階フードホール内でフィッシュアンドチップスを食べました。ウインダミア湖の船着き場で食べたものよりもずっと美味。やっぱり冷凍でない、生の切り身の揚げたてのヤツに酢をいっぱいふりかけて食べるのは美味い！　ただひとつ、首をかしげざるをえないところは、同じフロアに化粧品売場もあること。寿司コーナーのすぐ近くで香水を売っているのは、日本人的にはちょっと抵抗が…。

Date
2011.10

東京からの距離
9,569 km

緯度経度
北緯 51°30′ | 西経 00°7′

ロンドンのパワフルなこと！
やる事、観る事がいっぱいだ！

SEA

Episode
047

Country
United Kingdom
イギリス

City
London
ロンドン

ホースガーズとハリー・ポッター？

ロンドン官庁街にある騎馬衛兵（ホースガーズ）本部の前は、衛兵と一緒に記念写真を撮ろうとする観光客でにぎわっています。ここは他の宮殿などよりも、ずっとなごやかな雰囲気。どこから来た子なのかハリー・ポッターによく似たメガネ君が、本当にうれしそうに、衛兵の横に並んで写真を撮っていました。観光都市としてのロンドンの懐の深さを感じます。日本も皇居の近くに「おもてなし騎馬警察」なんてのを配置したらどうでしょうね。

Date
2011.10

東京からの距離
✈9,569 km

緯度経度
北緯 51°30′ ｜ 西経 00°7′

Episode
048

Country
United Kingdom
イギリス

City
London
ロンドン

鏡の舞台

夕刻、ミュージカル「ビリー・エリオット」を観に劇場へ。「ビリー・エリオット」は映画「リトル・ダンサー」としておなじみの話ですね。劇場へ行って驚いたのは、舞台にかかっているセーフティカーテン。そこには、舞台の上から、逆に観客席側を見た絵が一面に描いてあったのです。それも実にマメに、前の方にいる客などは、表情もわかる程に描き込んであります。そうか！　劇場ってのは、入った途端にもう楽しいことが始まる空間なのですね…。開幕までのしばしの間、私はすっかりカーテンに描かれた世界に見入ってしまいました。

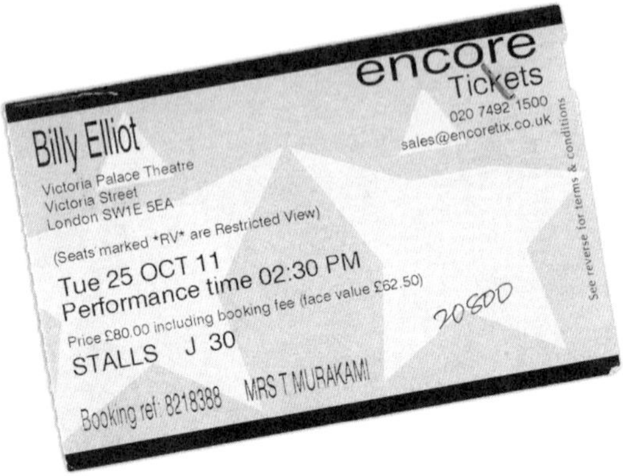

Date
2011.10

東京からの距離
9,569 km

緯度経度
北緯 51°30′ | 西経 00°7′

SAFETY CURTAIN

Episode
049

Country
United Kingdom
イギリス

City
London
ロンドン

鋼と蒸気

私達の住むアパートメントホテルからほんの数百メートルの距離に巨大な４つの博物館が並んで建っています。国立の美術館、博物館は基本入館料がフリーな為（任意の寄付の箱あり）、ちょっと疲れたとか、寒いとか、腹減ったり、トイレ借りたりと、２か月の滞在中どれ程利用させてもらったでしょうか…。その中でも私が楽しくて何度も通ったのが、この科学博物館。入館した途端70年代まで現役で使われていたという巨大な動輪が蒸気を巻き上げながら動いていました。そうです。大英帝国の産業革命を支えた蒸気機関の歴史コーナーです。見物の子供達も夢中です。男の子なんか、ずり落ちそうなズボンも気にせず見入っています。私も巨大な機関車やブルドーザー等に魂をつかまれ、飽かず眺めていた子供の頃のワクワクした気持ちを思い出しました。

Date
2011.10

東京からの距離
9,569 km

緯度経度
北緯 51°30′ | 西経 00°7′

Episode
050

Country
United Kingdom
イギリス

City
London
ロンドン

Date
2011.11

東京からの距離
✈9,569 km

緯度経度
北緯 51°30′ | 西経 00°7′

公園とリス

私が滞在しているのはロンドンのサウス・ケンジントン。そこから東へ４つの公園を渡り歩くとロンドン中心部にたどり着きます。ブラブラ歩いても2時間もかかりません。だから時間に余裕のある時は、地下鉄やバスを使わず、ひたすらウォーキング。公園もすっかり秋色。何度も公園通いをしているうちに、公園によって、そこにいるリスの性質が違うことに気づきました。中心部の公園に近づく程に人慣れしているのです。首相官邸を目の前にしたセント・ジェームス公園では、いきなりおしりにとびつかれました。「エサよこせ！」ということでしょう。それでもリス達は確かに公園になくてはならないもの。訪れる人達を笑顔に変える存在です。

Episode
051

Country
United Kingdom
イギリス

City
London
ロンドン

暁のカーレース

11月最初の日曜日、早朝、ハイドパークへ向かいます。ロンドンからブライトンまで約100キロを走るヴェテラン・カー・レースのスタートを見るためです。夜明け前の薄暗い中、居並ぶ車たち。それも全部1905年以前に製造された超クラシック・カーが300台！　壮観です。一番若い車でも100歳を優に越えているのですからね。しかも、このレースがはじまったのが1896年つまり115年前(2011年現在)。当時最新だった車たちが、今でも同窓会のように集まっているってこと…。この超ヴェテラン・カーのまるでローソクの灯のように頼りないヘッドライトの明かりを見つめていると、こんなレースを百十数年続けてきたジョンブルとはなんと「酔狂」で、そしてなんと誇りに満ちた連中だろうと、感動してきました。この人達にとって車は、単に便利な現代の道具ではなく、自分たちが創り出した「文明」そのものなのでしょう。

ただひとり、ビンテージ
自転車で参加の紳士
まさに参加することに
意義がある…？

Date
2011.11

東京からの距離
✈9,569 km

緯度経度
北緯 51°30′ | 西経 00°7′

TINDLE
24
CH71

Episode
052

Country
United Kingdom
イギリス

City
London
ロンドン

佳人の館

ロンドン北部に広がる広大なハムステッド・ヒースは森や草原、そしてたくさんの池のある美しい公園。その北端にそびえる白亜の館がこのケンウッド・ハウスです。ここはロンドンの数ある美術館の中では小規模ですが、フェルメールやレンブラントの作品をはじめ、粒ぞろいの絵画ぞろい。しかし、それ以上にわたしが魅かれるのは、この館にまつわるあるエピソード。この館は18世紀イギリスの最も高名な判事マンスフィールド伯爵が建てたものです。子供のいなかった伯爵は海軍司令官だった甥の娘と、甥が黒人の愛妾に生ませた娘の二人を引き取って、この館で養育したのです。白人と混血でありながら、この二人は貴族の娘として平等に育てられ、共に大変美しい娘たちであったと…。実際、伯爵は、イギリスの奴隷制度の廃止に歴史的な貢献をした人だそうですが、肌の色の違う美貌の少女たちが、仲良く庭園を駆け抜けてゆく姿を空想すると、この庭園の優美さが一層際立って見えてくるのです。ちなみに美しい娘二人の肖像画「ダイド・エリザベス・ベルとエリザベス・マレー」は伯爵の故地スコットランドのスコーン・パレスに展示されているそうです。

Date
2011.11

東京からの距離
✈9,569 km

緯度経度
北緯 51°30′ | 西経 00°7′

Episode
053

Country
United Kingdom
イギリス

City
London
ロンドン

25年目の花火

‘86年、私の妻がロンドンに短期の語学留学をしていた時のこと。11月はじめのある日「今夜は公園で花火があるらしい」という噂を耳にしました。何しろ妻は無類の花火好き。夏にどこからか花火の音が聞こえてくると、たちまちソワソワ。とにかく少しでも見晴らしの良い場所へ駆け上がろうとするほどです。その時もさっそくひとりで近くのハムステッド・ヒース公園へ駆けつけましたが、いくら待っても真っ暗闇。トボトボと帰ってきたというのです。後で解ったことですが、これはイギリスの年中行事のひとつボンファイヤー。毎年11月５日のガイ・フォークス・デイ前後の週末に各地で行なわれる花火大会ですが、どうやらその公園は会場ではなかったようです。時は移って2011年。我々はウィンブルドン公園にやってきました。公園には移動遊園地が出来上がり、薄暗い広場を老若男女がザワザワ。大きなかがり火が立ち上がり、やおら花火がポン、ポーンと…。その思いもかけず小規模な花火。目にしみる硝煙と共に、しみじみと秋の夜の気配がたち込めました。

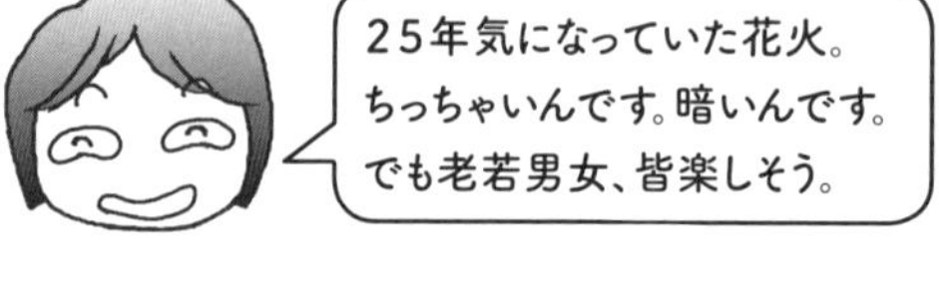
25年気になっていた花火。
ちっちゃいんです。暗いんです。
でも老若男女、皆楽しそう。

Date
2011.11

東京からの距離
9,569 km

緯度経度
北緯 51°30′ | 西経 00°7′

Episode	Country	City
054	**United Kingdom** イギリス	*London* ロンドン

この木何の木？

どうです。複雑なオブジェのようなこの巨木。ロンドンの公園には、いかにもお伽噺《とぎばなし》に出てきそうな形の木や、木登りしたり、ツリーハウスを作りたくなるような木がたくさんあるので、樹木ウォッチングをしながら歩くのも面白い。それにしても、立ち枯れたこの巨木は、日本なら危険だとか言って、すぐに切り倒されるか、人が近寄らないように柵で囲ってしまうところでしょうね。枯れてこそ存在感を増したこの巨木を、きっと公園管理人も認めて何年もそのままにしているのでしょう。

Date	東京からの距離	緯度経度
2011.11	✈9,569 km	北緯 51°30′ | 西経 00°7′

Episode
055

Country
United Kingdom
イギリス

City
London
ロンドン

追慕の塔

秋も深まり、日毎に日没が早くなってきました。家路を急ぐケンジントン・パークもすでにとっぷり暮れて、とても大都会の中の公園とは思えぬその闇の向こうに、ぽっかりと巨大なＵＦＯのような建物が浮かび上がりました。ロイヤル・アルバート・ホールです。そして、左側の尖塔がアルバート記念碑。ヴィクトリア女王が夫の死を悼み建てたもので、金色に輝くモニュメントです。最愛の夫を失った女王の悲しみは深く、以後ずっと黒い喪服を着続け、英国民も最初は「お労《いたわ》しや、女王様」と思っていたのが、しまいには「いいかげんに元気だしてください女王様！」になる程だったとか。150年昔の話ですが、今も昔も何となく人間臭い英王室のエピソード…。

Date
2011.11

東京からの距離
9,569 km

緯度経度
北緯 51°30′ | 西経 00°7′

Episode
056

Country
United Kingdom
イギリス

City
London
ロンドン

氷の夜

ロンドンの冬の風物詩アイススケート場があちらこちらに現れました。ここは自然史博物館の前庭に造られたリンク。老若男女が実に楽しげに回遊しています。加わってみたいけど、あいにくスケートはやったことがありません。中学生の頃スケートに行こうという友人の誘いを断ったことが、今頃になって悔やまれます。この背後の博物館の中に展示されている輝石、鉱物類の量には驚かされますが、何よりもピンクとブルーの天然石で造られたこの建物の外壁は、宝石のように美しい。

Date
2011.11

東京からの距離
✈9,569 km

緯度経度
北緯 51°30′ | 西経 00°7′

Episode
057

Country
United Kingdom
イギリス

City
London
ロンドン

リッチモンド・ヒル

　ロンドンの郊外、リッチモンドにやってきました。ロンドンの王立公園の中で最も大きな公園を抱え、お金持ちや著名人が多く住むことで有名な街でもあります。遠くに流れているのがテムズ川。夏に遊覧船で川をさかのぼった時に､陽光に輝いていたリッチモンド・ヒルの華麗な建物群が印象的で、今日は電車に乗って再訪したのです。川べりから丘の坂を登りきった頃には、もう黄昏《たそがれ》の訪れ。夕もやにかすむ風景は、まるで一幅の水墨画を眺めるようです。ちなみに、18～19世紀に活躍したイギリスを代表する画家ターナーもここと同じようなアングルから描いていることに、後で気付きました。その絵には、川のカーブしたところにある中洲は描かれていません。ゆっくりとしたテムズの流れが100年200年と変わらない風景の中に作り出した、ささやかな新しいアクセントのように感じました。

Date
2011.11

東京からの距離
9,569 km

緯度経度
北緯 51°30′ | 西経 00°7′

Episode
058

Country
United Kingdom
イギリス

City
London
ロンドン

ピーターパンの空

『ＪＩＮ-仁-』連載時の担当編集Kさんがヨーロッパ取材の帰りに訪ねてきてくれました。日本を離れて５か月余り、妻以外の人と日本語で思いっきりマンガの話ができるのって本当に楽しいものですね…。今日は一緒に美術館をぶらつき、テムズ河畔にある大観覧車ロンドン・アイに乗り込んだのは黄昏《たそがれ》時。眼下に広がるのは、夕霧にかすむロンドンの街並み。ふと、ピーターパンがウエンディ達とロンドンの空を飛ぶ、あの有名なアニメのシーンを思い出しました。

Date
2011.11

東京からの距離
9,569 km

緯度経度
北緯 51°30′ | 西経 00°7′

Episode
059

Country
United Kingdom
イギリス

City
London
ロンドン

手術劇場

ロンドン・オールド・オペレーション・シアター。ここはかつて、あのナイチンゲールも働いていたセント・トーマス病院内にあった手術室です。19世紀の中頃、この手術室では、解剖や外科手術の様子が医学生たちに公開されていたようです。麻酔なしの手術の頃は、患者の絶叫が院内に響き渡ったことでしょう。この部屋は病院が移転した後長年、開かずの間として忘れ去られていたそうです。今は医学史教育の場というより、ちょっとホラー色を強めたミュージアムっぽくなっています。手術台の下にさりげなく置かれた、血を吸わせるためのオガ屑を入れた箱がなんともリアルで、思わず背筋がゾクリとしました。

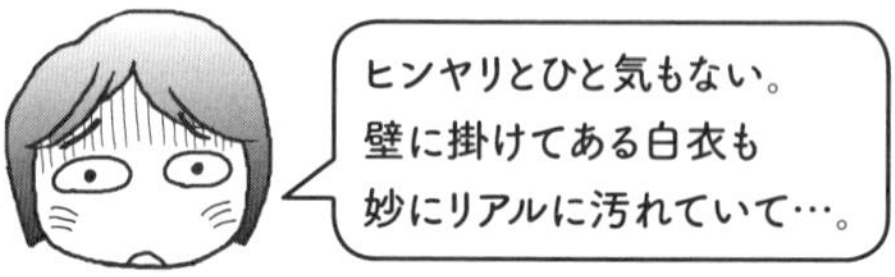
ヒンヤリとひと気もない。
壁に掛けてある白衣も
妙にリアルに汚れていて…。

Date
2011.11

東京からの距離
9,569 km

緯度経度
北緯 51°30′ | 西経 00°7′

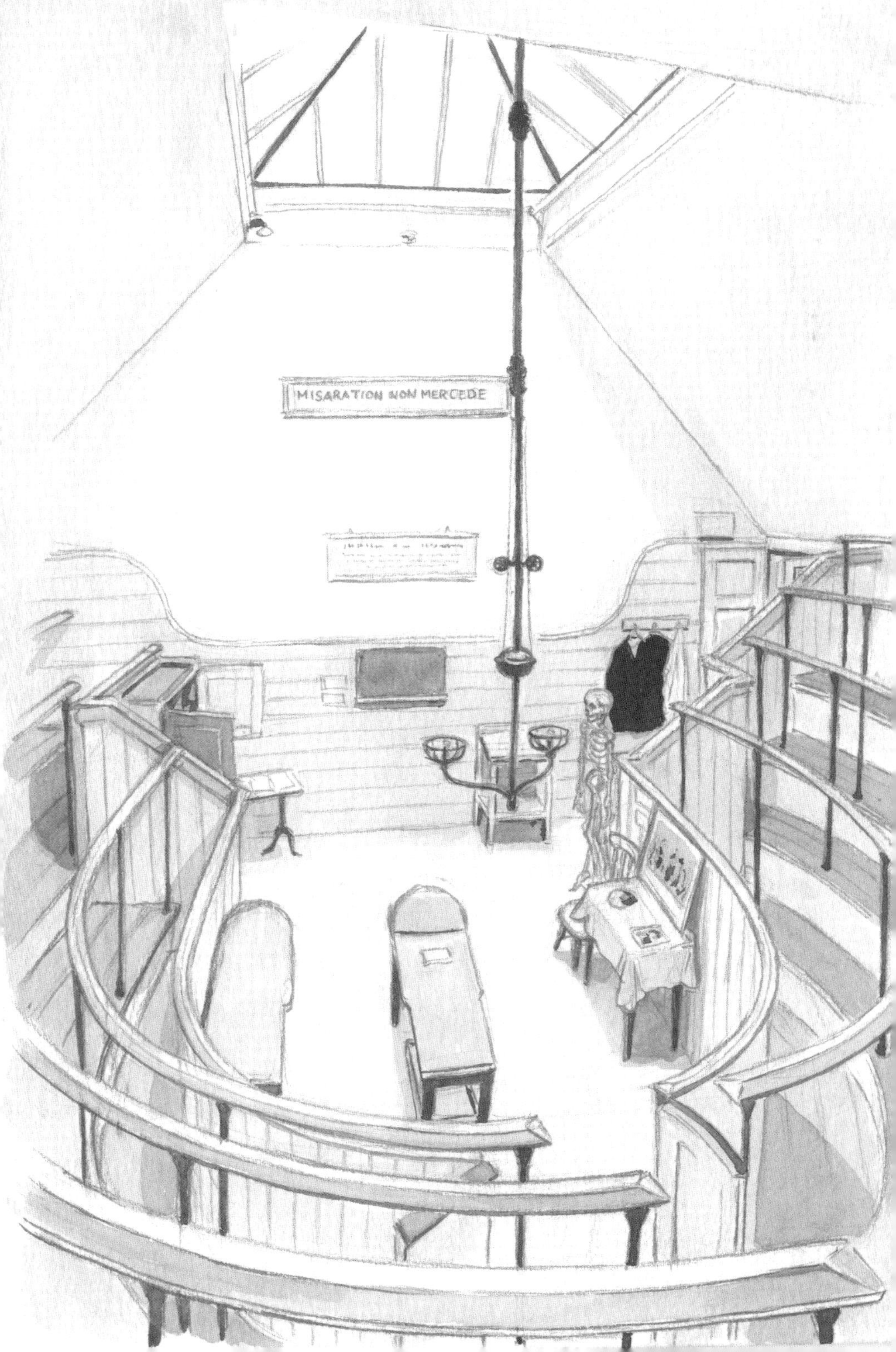
MISARATION NON MERCEDE

Episode
060

Country
United Kingdom
イギリス

City
London
ロンドン

時を刻む丘

ロンドンの郊外、グリニッジへ遊覧船で向かいました。テムズ川がゆったりと蛇行しているせいか思いのほか乗りでがあります。旧王立海軍大学の堂々とした建物（『坂の上の雲』のドラマにも出てきましたよね）を見物して、その裏の公園の高台にある、グリニッジ旧王立天文台を目指します。世界標準時を示す子午線が通っている世界一有名な天文台…けれど晩秋の霧にけぶる丘は、とても閑寂《かんじゃく》で、ここでの時は、ぼくの腕時計の針が刻む時刻よりも、ゆっくり流れているように感じてなりません。帰りは電車で、あっという間にロンドン中心部に戻ってきてしまいました。

Date
2011.11

東京からの距離
9,569 km

緯度経度
北緯 51°30′ | 西経 00°7′

Episode
061

Country
United Kingdom
イギリス

City
London
ロンドン

Date
2011.11

東京からの距離
9,569 km

緯度経度
北緯 51°30′ | 西経 00°7′

クリスマスがやってくる

ハイド・パークに遊園地がやってきたのは少し前のこと。夕暮れの公園を散歩していたら、巨大なコンテナ車が続々と公園内を行進してきたのです。それはドイツの巡回遊園地会社の車で、それから数日のうちに、公園の一画に遊園地が姿を現しました。どうやら毎年恒例、ロンドン市民の冬のお楽しみのひとつのようです。ところで今朝、地下鉄の車両に乗り込んだとたん、私の目の前に25年前に担当編集だったＳさん夫妻が…!?　Ｓさんはちょっと前に定年退職を迎え、大好きなビートルズ縁《ゆかり》の地を訪れようと、昨日ロンドンに着いたのだとか…。Ｓさんは20年以上前から私と同じ町に住んでいるのに、一度も出会わずじまい。それが１万kmも離れたロンドンで出会うなんて…。今夜は一緒に祝杯を交わす約束をして別れました。夕暮れが迫ると共にワクワクしてきました。これもクリスマス前の小さな奇跡？　私たちも、じきに師走の日本へ戻ります。

クリスマス・マーケットや
イルミネーションが始まると、
ウキウキしてくる！

第2章

2012.1.15～3.12

アジア

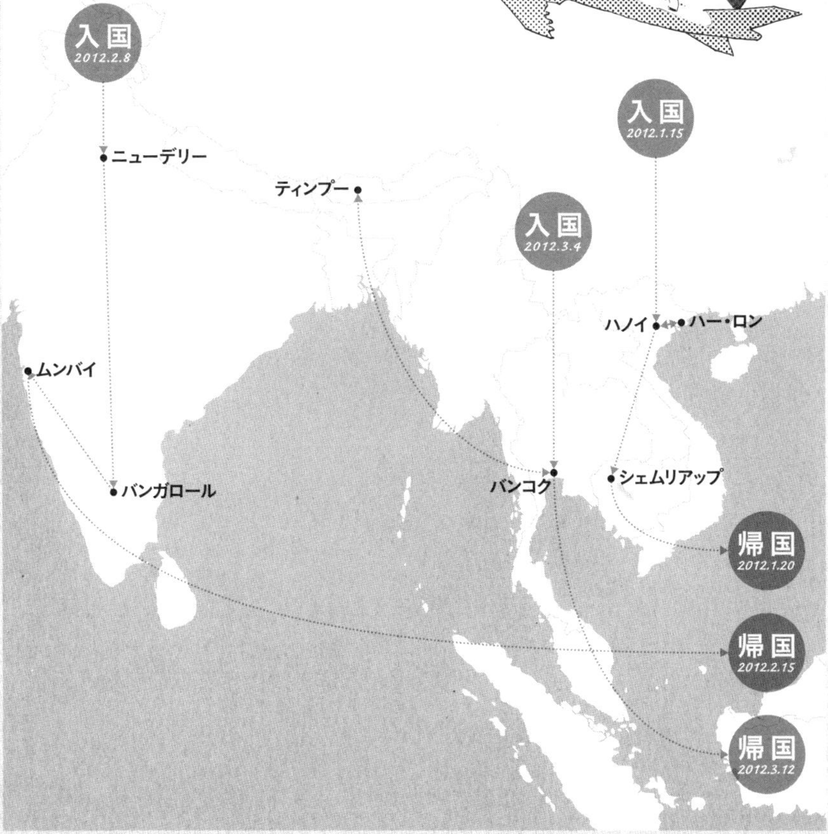

Episode
062

Country
Vietnam
ベトナム

City
Hanoi
ハノイ

ハー・ロン湾

ベトナムのハノイ到着後、すぐに車に揺られて６時間。中国との国境近く「海の桂林」と呼ばれるハー・ロン湾へ。なる程、中国との地続きを実感させる趣があります。しかし同時にここは、昔から外敵の侵入と戦ってきた場所だとか。現代まで続くベトナムと中国との微妙な関係に思い至ります。ともあれ、ここはとにかく絶景。船上で食べさせてくれる茹で海老が美味！しかし、物珍しさでトライしたカブトガニの炒め物はとてもいただけません。（しかも高い！）２億年前からの生きた化石カブトガニ。日本では天然記念物。こんなものを食べては罰が当たりそうですね。

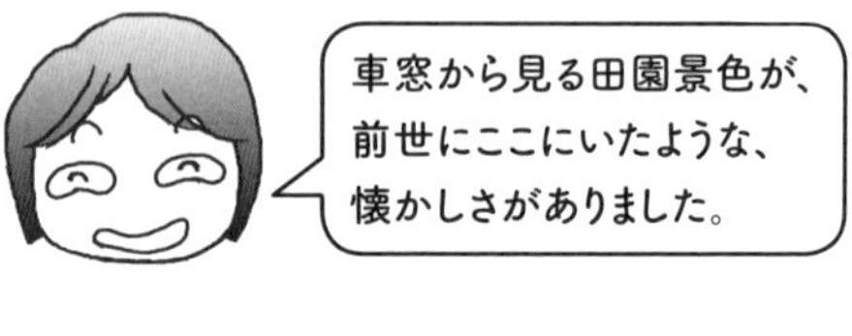
車窓から見る田園景色が、
前世にここにいたような、
懐かしさがありました。

Date
2012.01

東京からの距離
3,671 km

緯度経度
北緯 21°01′ | 東経 105°51′

Episode
063

Country
Vietnam
ベトナム

City
Hanoi
ハノイ

ハノイの道

ハノイの郊外の道路はまだ舗装率が低く、しかもバイクも車も追い越しでガンガン反対車線（センターラインなどありませんが…）を突っ走る。同行したクルマ好きの義兄は「こんなスリルを味わったのは初めてだー！」と引きつった笑顔で叫んでおりました。ハノイ市街の道はバイク天国。ラッシュアワーともなると歩道までバイクが爆走します。そんなモータリゼーションの奔流を横目に、のんびりした物売りのオバちゃんや自転車のオバアちゃん…あの悲惨なベトナム戦争を生き抜いてきたであろうこの人たちの目に、この光景はどう写っているのでしょう。

ベトナム名物(?)積みすぎバイク
こんなのは ほんの序の口…

Date
2012.01

東京からの距離
3,671 km

緯度経度
北緯 21°01′ ｜ 東経 105°51′

THOI TRANG NAM
PHONG

Episode
064

Country
Cambodia
カンボジア

City
Siem Reap
シェムリアップ

カンボジアのマスオさん

ハノイから空路、カンボジアのシェムリアップへ。奥に見えるのは、ご存じアンコールワット。しかもよくもまあ、こんな巨大石造物が人知れず何百年もの間、ジャングルの中に秘められていたものだ…。子供の頃、その発掘記を読み興奮した気持ちを思い出しました。ところで現地ガイド氏（30代後半）によると、カンボジアで結婚するにはまず男性が結納金5000米ドル程度を用意することが条件とか。しかし男性には中々良い条件の仕事はなく、ガイド氏の奥さん（同じガイド業）の方が、一年中仕事のオファーがあるとのこと。「男はみんなマスオさんよー！」と笑うガイド氏。なんとも憎めないそのアジア的キャラ。アジアではマスオさんやノビタくんが愛されるわけです。観光客を待つ馬引きのオジさんもヤシの木陰でお昼寝。そっと近づく幼い娘も、なまけもので優しい、きっとそんなお父さんが大好きなんでしょう。

Date
2012.01

東京からの距離
✈4,359 km

緯度経度
北緯 13°21′ | 東経 103°51′

Episode	Country	City
065	Cambodia カンボジア	Siem Reap シェムリアップ

密林の王者

12世紀にアンコール朝の王の母親の菩提寺として建立されたタ・プローム寺院。大蛇のようなあるいは巨大な翼竜の足のようなガジュマルが、遺跡に覆い被さったままになっています。他の遺跡もジャングルに埋もれていた時は同じようであったのでしょう。植物というにはあまりにも動物的な木根を眺めていると、密林の真の王者が誰なのかを、思い知らされる気がします。

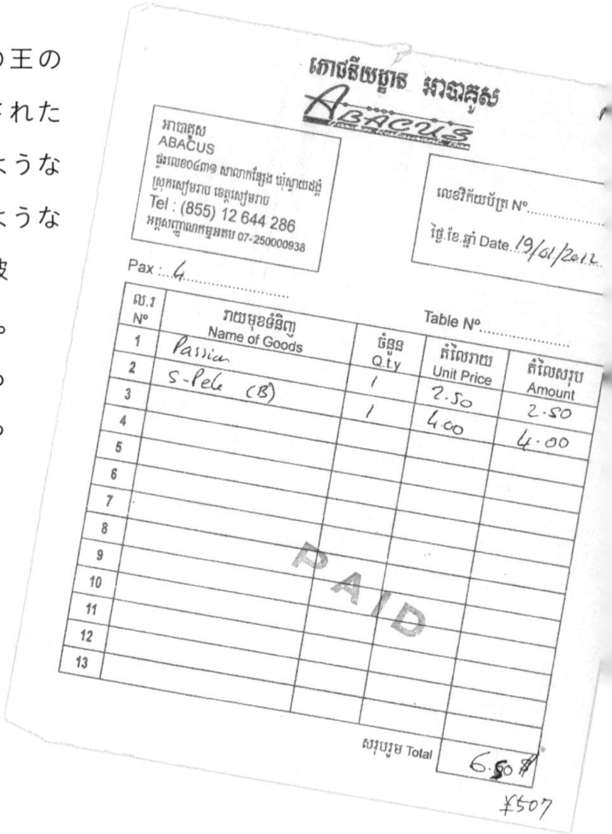
ABACUS
Tel : (855) 12 644 286
07-250000938
N°
Date 19/01/2012
Pax : 4
Table N°

N°	Name of Goods	Q.ty	Unit Price	Amount
1	Passion	1	2.50	2.50
2	S-Pele (B)	1	4.00	4.00
3				
4				
5				
6				
7				
8				
9				
10				
11				
12				
13				

PAID

Total 6.50$

¥507

子供の頃あこがれていた
ジャングルの中のアンコール・ワット。
世界中からの人が集まる大観光地でした。

Date	東京からの距離	緯度経度
2012.01	4,359 km	北緯 13°21′ / 東経 103°51′

Episode
066

Country
India
インド

City
Mumbai
ムンバイ

ボリウッドの子役たち

ボリウッドとは、インド、ムンバイの映画産業全般に付けられた俗称です。映画『スラムドッグ$ミリオネア』を観て、今のインドがどうなっているのか知りたくなり、ボリウッドにやってきました。訪れたのはバスラ・スタジオ。ちょうど、連続テレビドラマの撮影をしているところです。説明によると、このドラマは100年以上昔の農村が舞台。左端の少女は素封家《そほうか》であるこの家のお嬢さん。そして、右側の少女はこの家の使用人で、この物語の主人公という設定だそうです。この子らのまわりは、撮影スタッフと共に、ステージママ達が囲んでいます。ママ達はまだ若く、とても元気。私たちが日本人と知ると「自分も以前インド舞踊のダンサーとして日本を訪問したことがあるのよ」とか、フレンドリーに話しかけてくれます。どうやら子役たちは、成長するインド経済が生んだ中産階級の子女たちのようです。どこの国でも子供に対する親の思いの強さは同じですね。

Date
2012.02

東京からの距離
6,731 km

緯度経度
北緯 18°57′ | 東経 72°49′

Chhatrapati Shivaji Maharaj Vastu Sangrahalaya
Formerly, Prince of Wales Museum of Western India
Maharaj Vastu Sangrahalaya, Mumbai
of Wales Museum of Western India

Episode
067

Country
India
インド

City
Mumbai
ムンバイ

パラボラの花咲く街

ムンバイの町はずれ、建設中のビル群の間にひしめくスラム街。電気も引きＴＶも観る。だから、パラボラアンテナがまるで花が咲くようにバラックの屋根の上に設置されている。インド経済の成長と共に、インドの都市は急速に膨張を続けています。農村から仕事を求め、それこそ小さな荷物ひとつをかついでやってきた人たちは、まず上の写真に写っているように、道路のガード下の壁に荷物をくくりつけ、神様をまつり、そこから毎日日雇いの仕事を探しに行くのだそうです。やがて小銭がたまったら、ちいさな小屋を路上の片すみや、空き地に作り、電線から勝手に電気をいただき、小屋はしだいに大きくなり…そしていつかはパラボラアンテナの花をトタン屋根の上に咲かせる。これが、インド風、底辺からの出世パターンだとか…。いろいろな問題はあるにしても、なんとも生活力あふれるそのパワーこそが『スラムドッグ＄ミリオネア』を生み出す源なのだと思いました。

Date
2012.02

東京からの距離
✈6,731 km

緯度経度
北緯 18°57′ | 東経 72°49′

Episode
068

Country
Bhutan
ブータン

City
Punakha
プナカ

ブータンの少年

ブータン王国へやってきました。2011年若き国王夫妻が、結婚後初の外遊で日本を訪問され、ブータンブームになったことを覚えている人も多いでしょう。さて、首都ティンプーから標高3000m以上の峠を越えて、冬の都と言われるプナカへ向かいます。これは、プナカ近郊の村を散策していた時に出会った少年。少しはにかんだ笑顔に、なんだか昔の日本人に出会ったような、懐かしい気分になりました。「この国の男はイケメンが多い！」というのが同行した妻と妻の妹の感想。確かに男性は日焼けした顔に白い歯が印象的で、とても愛想がいい。逆に女性はあまり笑ってくれない。たしなみとして、女性は人前で歯を見せて笑うのを慎むらしいのです。この国の男の子たちは制服として『ゴ』と呼ばれる着物に似た民族衣装を着ています。「『ゴ』を着ていると、どの子も賢そうに見える」と妻がいいました。私もまったく同感です。

ブータンの人のスマホ率は結構高い.

Date
2012.03

東京からの距離
4,755 km

緯度経度
北緯 27°37′ | 東経 89°52′

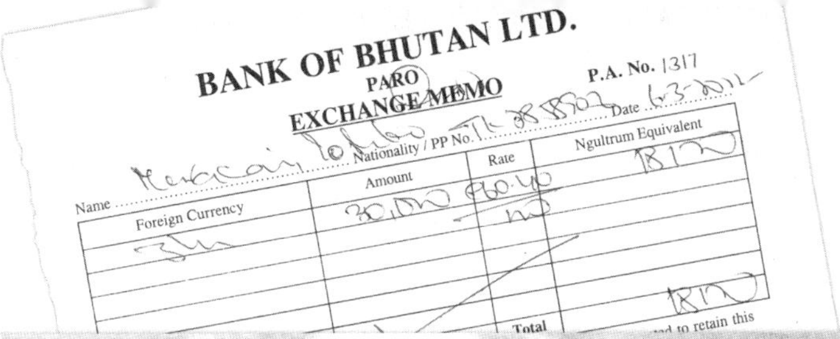

BANK OF BHUTAN LTD.
PARO
EXCHANGE MEMO
P.A. No.
Date
Name
Nationality / PP No.

Foreign Currency	Amount	Rate	Ngultrum Equivalent
		Total	

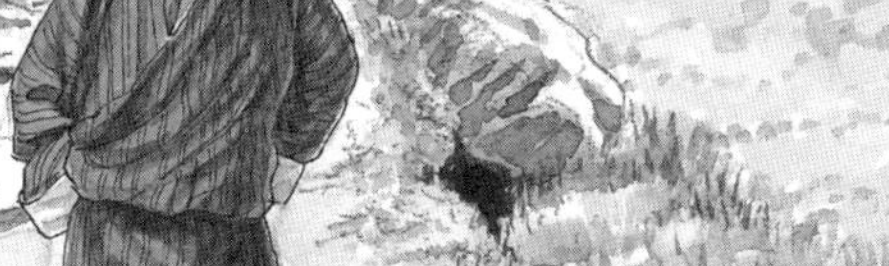

『ゴ』を着た人が、
みんな男前に見えてくる。
自然な、笑顔もステキです。

Episode
069

Country
Bhutan
ブータン

City
Punakha
プナカ

プリンセス降臨

冬の都プナカを代表する建物プナカ・ゾンを訪れました。ゾンは政庁と寺院を兼ねた城塞のような大きな建物で、通常小高い丘の上に築かれることが多いのですが、このゾンは二筋の川の合流点にそびえ立ち、その優美な姿を川面に写しています。この日はゾンの中で重要な会議があったらしく、正装の『ゴ』を着込んだ人がたくさんいました。そのうち何やら中庭でどよめきが…。その会議に臨席されていたブータン王国の王女が現れたのです。（ちなみに王国には５人の王女がいます）しかもなんと、その場にいたアメリカ人観光客は王女に握手をもとめ、インド人観光客は記念写真を求めたのです。しかしこのハプニングに王女様は少しも動ずることなく、護衛を何気なく制し、観光客の求めに応じました。私はその気品を保った優雅な振るまいに心を奪われました。ちなみに、この時その場にいたブータン人ガイド諸氏はみんな緊張で凍りついておりました。この国で王家がいかに国民に尊崇の念を持たれているかということを感じた一瞬でもありました。どうかこの王国の人々が、いつまでも世界一幸せな国民であり続けますように……。

Date
2012.03

東京からの距離
4,755 km

緯度経度
北緯 27°37′ | 東経 89°52′

第3章

2012.4.4～7.1

ヨーロッパ②

Episode
070

Country
France
フランス

City
Alps
アルプス

Date
2012.04

東京からの距離
9,812 km

緯度経度
北緯 45°51′ | 東経 06°37′

グランモンテ

　桜咲く日本を後にして、再びフランスアルプスの町Megève（メジェーブ）へやってきました。前年夏に訪れたシャモニーの町から車で約30分。小さいけれど、とても綺麗なスキーリゾートです。実は去年アルプスの山をガイドしてくれたYさんに、自分の本職はスキーガイドだから、今度は是非スキーに来てください、と言われたので、今回の３か月のヨーロッパ巡りを、再びフランスアルプスからスタートすることにしたのです。ここはシャモニー近くのGrands Montes（グランモンテ）。なんと標高3275m（！）の地点から滑り降ります。しょっぱなの大斜面をへっぴり腰で何とか滑り降り、氷河を前にしてひと休みしたところ。手前の人が、フランス在住40年。フランス国家認定スキーガイド資格を持つ唯一の日本人Ｙさんです。このコースはとにかく雄大。滑走距離も日本のスキー場の何倍も長いのです。Ｙさんいわく、疲れ果てずに滑走する為には、ズルズルと横滑りを入れてターンすること。日本人は生真面目にきちんと小さくターンをする人が多いけれど、それではとても距離が稼げないと。それほどに大きいゲレンデです。

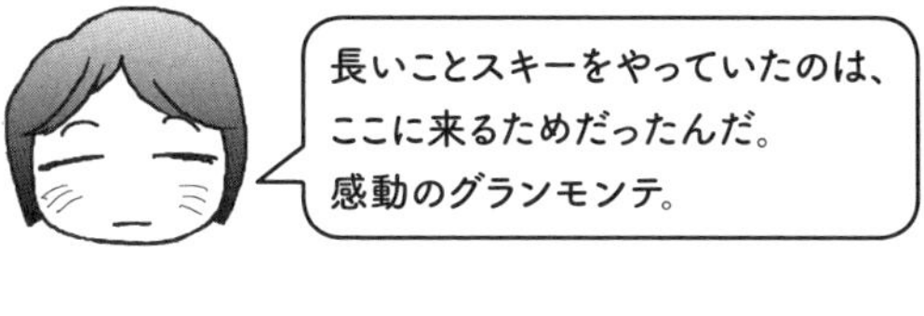
長いことスキーをやっていたのは、
ここに来るためだったんだ。
感動のグランモンテ。

Episode
071

Country
Italy
イタリア

City
Alps
アルプス

Date
2012.04

東京からの距離
✈9,812 km

緯度経度
北緯 45°51′ | 東経 06°37′

イタリア式回し飲み

今日はモンブラン・トンネルを越えて、イタリアのCour Mayeur（クールマイヨール）スキー場です。イタリア側斜面は南向き。当然雪解けも早く、あと一週間でスキー場も閉じてしまうとか。Yさんは各ゲレンデの雪の状態をよく解ったうえで、我々がより楽しめるルートを次々とガイドしてゆきます。滑走不能になったコースもあったりしますが、陽光にあふれた開放感は、春スキーならではの楽しさです。さて、大汗かいて滑った後のお楽しみはイタリア料理のランチ。ここで友情の杯の歓迎を受けました。グロッラと呼ばれる、飲み口が数か所付いた奇妙な形の木製の器。中にはグラッパとエスプレッソ、そして数々の木の実等が入っている。とても甘〜くて熱いお酒をみんなで回し飲みするのです。このラッパ飲みしているナイスミドルは、この店のご亭主。下に座っている美人はおかみさん。ご亭主は若い頃二輪のGPライダーだったとか…さぞやモテたことでしょう。いい具合に酔っぱらいました。ピッツァで満腹。大満足。下りのゴンドラ乗り場まで、もうひと滑りして帰ります。

Episode
072

Country
France
フランス

City
Alps
アルプス

カミカゼの吹く山

スキー５日目の滑り納めはDiamantスキー場。広々とした高原に展開するゲレンデ。お天気もピーカン照りでまさにスキーパラダイスです。フランスのスキー場では、託児所や子供スキー教室も充実し、老若男女スキーを楽しんでいます。スノーボードより圧倒的にスキー人口が多いのです。山頂のコース案内板に何と「カミカゼ」という名を発見。しかも黒いボードは上級者向けコース。ここはひとつ日本人としてトライしないわけにはいかないと心を決めました。北斜面のせいか、コース全体が氷のようにツルツルの硬いアイスバーンです。それを一気に華麗に…とはいきませんが、例のYさんから伝授されたアルプス式滑走法で無事にズルズル〜ッと滑り降りられました。実に爽快です！Yさんによる５日間の特訓（？）の成果を証明すると共に、つくづく若い頃スキーを覚えておいてよかったー！

Date
2012.04

東京からの距離
✈9,812 km

緯度経度
北緯 45°51′ | 東経 06°37′

ROSIERES
KAMIKAZE
RETOUR STATION
LES SAISIES
LIAISON ESPACE DIAMANT
SUIVRE ECUREUILS
PLANAY BISANNE 1500
ETERLOU
CHAMOIS
4

Episode
073

Country
France
フランス

City
Alps
アルプス

Date
2012.04

東京からの距離
9,812 km

緯度経度
北緯 45°51′ | 東経 06°37′

春の雪

朝おきたら、昨日まですっかり春の気配だったロッジの外は、一面の銀世界。スキーも昨日で滑り納め。今日はYさん夫妻と麓の町へゴルフに行く約束をしていました。いやいや、この大雪ではゴルフは無理だな～と思っていたら、Yさんが迎えに来て言いました。「下の町なら大丈夫」。半信半疑でゴルフウェアに着替え、車で走ること1時間少々。なんとまぁ麓の町のゴルフ場は緑と花にあふれ、青空さえ広がっている——アルプスでは上は冬でも下は春。標高を移動するだけで様々な遊びが楽しめることを実感しました。さて、明日はジュネーブからポルトガルのリスボンへ出発します。

Episode	Country	City
074	Portugal ポルトガル	Lisbon リスボン

リスボンのスリ

坂の多い港町リスボンは、散策していても次々に景色が変化していきます。市内には昔から比べるとかなり減ったということですが、町の上下を結ぶケーブルカーや路面電車が要所を結んで走っている。出迎えてくれたSさんはリスボン在住30年のベテランガイド。大学時代に初めてポルトガルを旅し、惚れ込んで移住したということですが、その理由が面白い。「この町が、とにかく暮らしていると眠くなる町だったから」ということです。決して眠くなるほど面白くないということではなく、都会でありながら、どことなくメランコリックで、ゆっくりと時が流れるような、独特のムードのせいでしょうか。ところでこの路面電車、S氏いわくスリだらけ。だから、無用心な日本人は特に用心しろ、というのです。スリは若者が多く、ほとんどが国家体制が崩壊した東欧のR国出身だとか。彼らはヨーロッパの他の国、イタリアとかスペインを追放され、ついに西の端のポルトガルに着いたと…。「なぜかっていうと、ポルトガルの警察が一番彼らの扱いが優しいからさ」とS氏談。「ほら、すぐ後ろの人も、隣の人もスリだよ」そんなに脅かさないでよ。ボクらには、まるで見分けることができません。でも、こんなことも含めて、つくづくここはユーラシア大陸の西の果て。あらゆる人々を受け入れ、包み込む懐の深さを感じます。

Date	東京からの距離	緯度経度
2012.04	11,155 km	北緯 38°43′ ｜ 西経 09°08′

25

Episode
075

Country
Portugal
ポルトガル

City
Lisbon
リスボン

Date
2012.04

東京からの距離
✈ 11,155 km

緯度経度
北緯 38°43′ | 西経 09°08′

風の丘・ナザレ

今日はリスボンの近郊の町ナザレにやってきました。大西洋に面した海岸沿いのレストランでどでかいロブスター料理（実に美味！）を食べ、フニクラに乗って丘の上の地区へ。断崖の上に立つと、大西洋からの強烈な風になぶられます。この丘の反対側の北海岸は、世界有数のビッグウェーブが起きるところで、2011年には30mの高波に乗ったハワイのサーファーが世界記録を達成。そのさらに先の方には小説家壇一《だんかず》雄《お》（「火宅の人」等）が一年半程住んでいたそうです。実は、私の自宅のすぐ近くに氏のお屋敷（今は娘で女優の壇ふみさんの家といった方が解り易いかも）の真っ白い南欧風の壁があります。ふみさんの本を読むと、この壁は一雄氏がスペインの建築家ガウディの作品にインスパイアされて造らせたのだとか。やおら、S氏が海を指して「この方角がニューヨーク、そしてこちらの方角がブラジル」と言い出しました。なんだか水平線のずっと向こうにアメリカ大陸が見えてきそうな気分になってきます。心が広大な空と海に解き放たれてゆく…。無類の旅好きだったと言われる作家も同じ気分を味わっていたのでは…と空想します。

Episode 076 | Country **Portugal** ポルトガル | City *Lisbon* リスボン

城壁の村オビドス

ナザレからの帰り道、まるで万里の長城のような城壁に囲まれた村オビドスに寄りました。村の中心街で買い物したり、ワインで咽を潤すのもよいけれど、ぐるりと村を取り囲む、この城壁の上を歩くのがとても楽しい。ガイドのＳ氏は30年前、この城内で結婚式を挙げたそうです。お相手はジプシー[※]の娘。やがて女の子も生まれたのですが、その後奥さんは出奔。Ｓ氏が男手ひとつで幼い娘を育てることになった時、手をさしのべて助けてくれたのがナザレの町の人たちと、奥さんの不義を申し訳なく思ったジプシーのコミュニティーだったとか。「人生義理と人情だ」そんなセリフが通用するところが、日本人とポルトガル人と一脈通じるところかもしれませんね。

※ジプシー（ロマ、またはシンティ・ロマ）

Date 2012.04 | 東京からの距離 11,155 km | 緯度経度 北緯 38°43′ | 西経 09°08′

Episode
077

Country
Portugal
ポルトガル

City
Lisbon
リスボン

欲望のリスボン

再びリスボン市内歩き、最終日。奥に見える切妻屋根の白い建物がサン・ロケ教会。外観はシンプルだけど、内側は金ピカで絢爛豪《けんらんごう》華《か》。ここは、1584年に日本から天正遣欧少年使節の４人の少年たちがリスボンに到着して、1か月間滞在した教会です。この教会前の広場にはロトの売場があります。Ｓ氏は30年間趣味でヨーロッパサッカーとロトの研究を続け、サッカーは専門誌に解説文を依頼され、ロトは何度か大金を的中させたと…。「そろそろ今日あたり、最高額が当たる確率が高まった！　当たればドーンと10億円！」という話に、妻は「乗った！　当たったら昨日訪れたオビドスの村をお城ごと買って別荘にしよう！」と盛り上がる。こんな風に欲に目をくらませるのも、一攫千金を狙って、未知の大陸へ冒険に出たバクチ打ちの魂が、この地に眠っているからか。（後日、ロトの結果はスペインで…オビドスの城主になる夢は儚く散りました。）

Date
2012.04

東京からの距離
11,155 km

緯度経度
北緯 38°43′ | 西経 09°08′

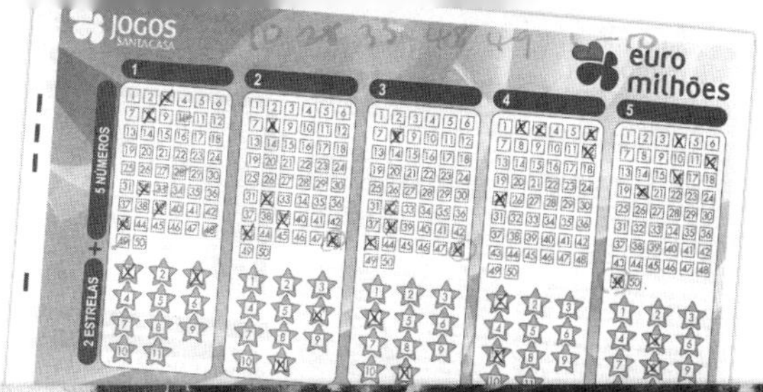

ガイド氏行きつけの店のコーヒーの香りの素晴らしい事！
でもその時風邪もいただいたみたい。二人とも咳が止まらない。

Episode 078 | Country **Spain** スペイン | City *Madrid* マドリード

マドリード春浅く

風邪をこじらせました。リスボンの快人（？）S氏が、もう治ったと言いながらゴホゴホ咳き込んでいたものが、しっかり伝染したのかもしれません。いわばポルトガル風邪。夫婦共に、マドリードに着いた日の夜に発熱してダウン。旅先で病気するのは、何とも心細いものです。ホテルの窓からは、偉容を誇る白亜の中央郵便局が見えます。右端にそびえる時計台は展望台になっていて、市内が一望できます。後日登ってみましたが、彼方にまだ雪を冠った山脈が連なり、4月も半ば過ぎたというのに、吹き渡る風の冷たいこと…まあ、勝手にスペインは、もう暖かいんだろうと思い込んでいた自分の油断の結果ですけれど…。

TAP PORTUGAL
CLASS Y
SEAT 14E
MURAKAMI/MOTOKA MR
TP 1014 17APR
FROM LISBON/LIS
TO MADRID/MAD
DEPARTURE TIME 11:55
SEQUENCE NO. 75

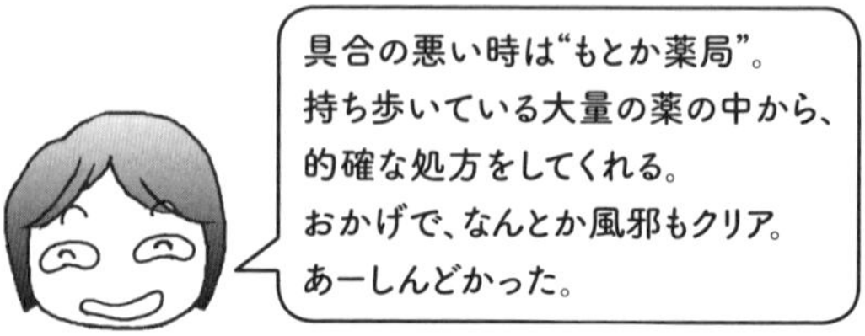
具合の悪い時は“もとか薬局”。
持ち歩いている大量の薬の中から、
的確な処方をしてくれる。
おかげで、なんとか風邪もクリア。
あーしんどかった。

Date 2012.04 | 東京からの距離 10,774 km | 緯度経度 北緯 40°25′ 西経 03°41′

Episode
079

Country
Spain
スペイン

City
Madrid
マドリード

ハムの王国

　引き続き風邪ひき中の為、世界有数の規模と内容を誇るプラド美術館に引きこもることに決め、朝から８時間、端から端まで、まるで夢遊病のようにさまよいました。ベラスケス、ゴヤ、エル・グレコ、ピカソ…名画が頭の中でグルグル渦を巻いています。以前から思っていたのですが、漫画『進撃の巨人』ってタイトルを初めて聞いた時、ゴヤの描いた『巨人』の絵を思い浮かべました。そういう人多いんじゃないでしょうか？それにしても、これだけ質・量共に圧倒的な絵画を見まくると、いかに体力を消耗するか、思い知らされました。フラフラになって美術館を這い出し、パワーを補給しようと、マドリード駅近くの肉屋とバル（居酒屋）を兼ねた店へ。そこは大きなゲーム機もうずもれんばかりに、壁一面生ハムの塊がぶらさがり、つまみのメニューも赤と茶色のハムと肉料理だらけ。あの濃厚な芸術を生み出したのも、この生ハム王国。つくづく食い物と芸術は直結している、と感じました。

Date
2012.04

東京からの距離
10,774 km

緯度経度
北緯 40°25′ | 西経 03°41′

130.00€/Pieza
JAMON BODEGA
OFERTA
PVP 5.90 €/kg
PVP 17.00 €/kg

Episode
080

Country
Spain
スペイン

City
Madrid
マドリード

ウーン、でかい！

日本から姉夫婦が合流。1月にベトナム、カンボジアを一緒に旅したふたり。これから一週間にぎやかになります。万事調べの良い義兄の手配で、昼にレストランBotin（ボティン）にやってきました。1725年に開業、ギネスブックに認定されている世界最古のレストランです。ここの名物は子豚の丸焼き。そのボリュームにまずびっくり。この絵は少し大きさを強調していますけど、心理的にはまさにこんな感じ。わが姉があぜんとしているところです。皮はパリッとして肉は柔らかく，なかなか美味しいんですが、こうとわかっていたら、朝食を食べすぎるんじゃなかったと後悔…スペインの人は朝も夕も軽めにすませ、昼食をゆっくり、たっぷり食べるのですね。

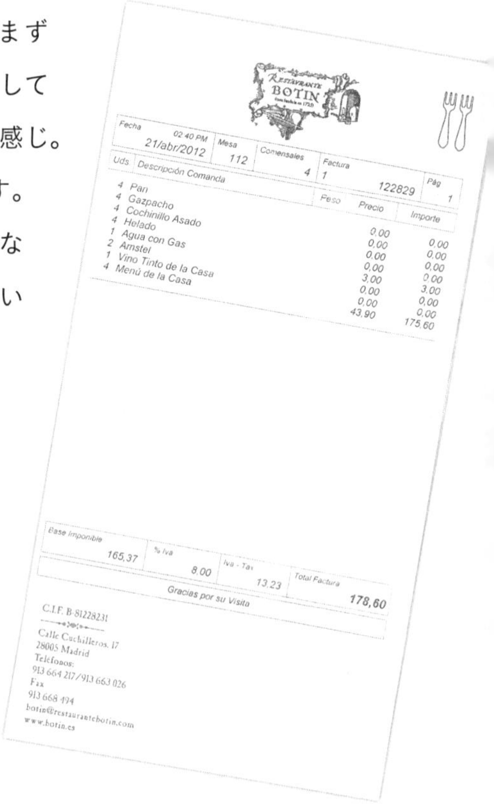
RESTAVRANTE
BOTIN

Fecha	Mesa	Comensales	Factura	Pág
02:40 PM 21/abr/2012	112	4	1 122829	1

Uds	Descripción Comanda	Peso	Precio	Importe
4	Pan		0,00	0,00
4	Gazpacho		0,00	0,00
4	Cochinillo Asado		0,00	0,00
4	Helado		0,00	0,00
1	Agua con Gas		3,00	0,00
2	Amstel		0,00	3,00
1	Vino Tinto de la Casa		0,00	0,00
4	Menú de la Casa		43,90	0,00
				175,60

Base Imponible	% Iva	Iva - Tax	Total Factura
165,37	8,00	13,23	178,60

Gracias por su Visita

C.I.F. B-81228231
Calle Cuchilleros, 17
28005 Madrid
Teléfonos:
913 664 217/913 663 026
Fax
913 668 494
botin@restaurantebotin.com
www.botin.es

Date
2012.04

東京からの距離
✈ 10,774 km

緯度経度
北緯 40°25′ ｜ 西経 03°41′

Episode
081

Country
Spain
スペイン

City
Toledo
トレド

古都トレド

　マドリードから70km余りの町トレドへ日帰りの旅。丘の上に広がる古都は、狭い路地の内側に歴史を封印しているようで、迷いながらもそぞろ歩きの楽しい町でした。往きは駅からバスに乗ったのですがたいした距離でもないので、復路は歩いて駅に向かいます。これは旧市街を取り囲むように流れるタホ川越しに振り返って見た、トレドの町。この地で活躍した画家エル・グレコはギリシャのクレタ島の出身。エル・グレコとは「ギリシャ人」という意味だとか。クリーム色の大地と点在する緑。彼はこのあたりの風景に故郷の地をかさねていたのでしょうか。

Date
2012.04

東京からの距離
10,841 km

緯度経度
北緯 39°52′ | 西経 04°01′

Episode
082

Country
Spain
スペイン

City
Barcelona
バルセロナ

ただいま(?)工事中

４月下旬バルセロナに移動。義兄の手配で予約したホテルが、なんとあのサグラダ・ファミリア教会の真横。部屋の窓から異様とも言える姿を眺めることができます。この教会の起工は1882年。それからすでに130年。アントニオ・ガウディがその想像力と技術を注ぎ込んだ、この壮大で複雑な建築物は、完成までにどれくらいの年月がかかることやら…。あとで聞いたところによると、世界中から訪れる観光客の入場料等が増大したので、スペインの財政が苦しいのにもかかわらず、教会の建築費は充分――予想よりも早く完成するかもしれない、というのです。私が生きているうちに完成したら、是非もう一度訪れてみたいものです。

Date
2012.04

東京からの距離
✈10,425 km

緯度経度
北緯 41°22′ | 東経 02°10′

Episode
083

Country
Spain
スペイン

City
Barcelona
バルセロナ

ガウディ、ガウディ

バルセロナは、まさに「ガウディの町」。街のあちこちにガウディの作品の邸宅や公園が存在し、街路灯やベンチもガウディ風を意識してデザインされています。そして、それが一層この街の華やかさを盛り上げています。ここは、ガウディ設計、カサ・ミラの屋上。遠くに見えるサグラダ・ファミリア教会の建設に専念する前にガウディが手掛けた、最後の作品です。換気塔兵隊たちのデザイン等、遊び心に満ちていて、観光客もまるで遊園地にいるように楽しげです。

CASA BATLLÓ
GAUDÍ BARCELONA
16117
1711
tel: +34 93 216 03 06
www.casabatllo.cat
Preu: 16.30 €

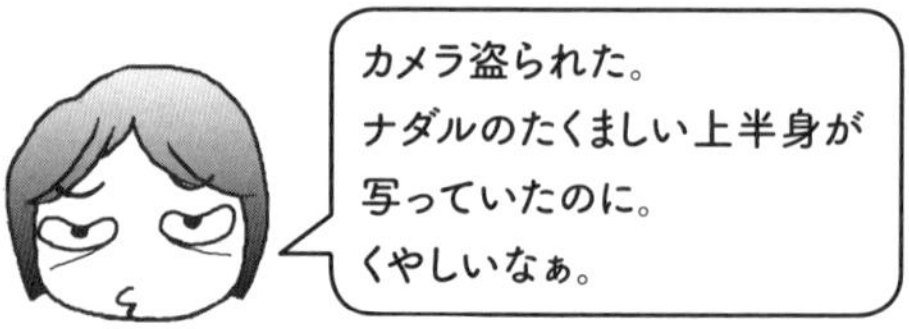
カメラ盗られた。
ナダルのたくましい上半身が
写っていたのに。
くやしいなぁ。

Date
2012.04

東京からの距離
10,425 km

緯度経度
北緯 41°22′ | 東経 02°10′

Episode
084

Country
Spain
スペイン

City
Barcelona
バルセロナ

4GATS

賑やかな1週間が過ぎ、姉夫婦が帰国していきました。今日は友人から紹介されたTさん夫妻にお会いしました。ご夫婦はバルセロナ在住30年。奥さんはツアーガイド、ご主人は、なんとサグラダ・ファミリアで彫刻の仕事をしています。今日はバルセロナを知り尽くしたお二人に旧市街の裏路地montsio通りにあるカフェレストラン、4GATS（クワトラ・ガッツ）に案内してもらいました。ここはかつて若かりしピカソも出入りした、スペインにおけるモダニズム運動の中心になっていた場所なのだそうです。レンガの厚い壁にアール・ヌーボー調の鋳鉄とガラス造りの入口が、とても美しい店です。有名な店ですが、ごらんの通り店の人はとてもフレンドリー。お腹ペコペコです…ではサルー！（乾杯！）

Date
2012.04

東京からの距離
10,425 km

緯度経度
北緯 41°22′ | 東経 02°10′

Episode
085

Country
Spain
スペイン

City
Barcelona
バルセロナ

聖山モンセラット

バルセロナ近郊の山、モンセラットを訪れました。スペイン広場から鉄道と登山電車を乗り継いで1時間余り…世界中からのお上りさんと一緒に山登りです。ここは古くからキリスト教の聖地。ケーブルカーに乗って山頂まで行くと、この奇妙な岩山のあちこちに、かつて修道士たちが修行したほら穴が残っているような所です。巨大な大岸壁の足元には大聖堂が建ち、少年合唱団の讃美歌が響き渡る。じつに心洗われる場所です。敬虔なクリスチャンだったガウディはサグラダ・ファミリアをデザインする上で、この独特な岩山からヒントを得た、という説もあるそうです。確かに、見飽きることの無い自然の造形への興味は、彼の作品の中に込められていると思います。

Date
2012.04

東京からの距離
✈10,425 km

緯度経度
北緯 41°22′ | 東経 02°10′

Episode
086

Country
Spain
スペイン

City
Barcelona
バルセロナ

ちょっと学生気分

Ｔさんの紹介でサンタ・カタリーナ市場の近くにあるクロッキー教室へ通うことになりました。SANT LLUCというこの美術センターはバルセロナでも一、二を争うほど古い美術学校です。システムはいたって簡単。回数券を購入して、都合の合う時間に行って描くだけ。早退もありだし、特に指導も講評もありません。とても気楽です。中には画板を広げたまま、ほとんど描かずに、人の描いている絵をながめているオバちゃんもいたりします。私もクロッキーなんて、高校生の頃以来。漫画家の性か、どうしても線や顔にこだわってしまいますが…。これ以来滞在中に５度通い、久々に描く幸せに没頭することが出来ました。

Date
2012.05

東京からの距離
✈ 10,425 km

緯度経度
北緯 41°22′ | 東経 02°10′

RCLE
E ST.
ARTISTIC
LLUC

Episode
087

Country
Spain
スペイン

City
Barcelona
バルセロナ

R国のコミケ同人

スペイン広場をぶらついていたら、大きな催事場でコミック・フェスティバルをやっていました。アトムやワンピース等の展示もありますが、どちらかというとアメコミ系のフェスの様子。ちなみに日本の漫画は別の時期にMANGAのフェスティバルというのが開かれるそうです。立ち寄ったのがこのブース。東ヨーロッパ・R国から来た同人仲間の若者です。私が日本の漫画家だと知ると、自分の作品を読んでほしいと言って、一冊贈呈してくれました。タイトルは『The Year of the Pioneer』。ピオニールとは、共産党政権の国の少年少女が必ず所属しなければならない団体です。内容は彼女の少女時代の想い出。共産党政権下でのつつましやかで穏やかな日常が淡々と描かれていました。2度ともどってこない失われた日々への愛が滲み出てくるような素敵な漫画です。先にポルトガルでは、同国出身の若者のスリが多いなんて、単純に決めつけてしまったことを、反省させられました。

Date
2012.05

東京からの距離
10,425 km

緯度経度
北緯 41°22′ | 東経 02°10′

30
Saló Internacional del Còmic de Barcelona

Episode
088

Country
Spain
スペイン

City
Barcelona
バルセロナ

バルのパフォーマンス

シウタデリャ公園近くフランサ駅前のバルのスタッフはとてもフレンドリィ。これはバスク地方のワイン・チャコリを「こうやって注ぐんだー！」とグラス3つに一気に注いでみせてるところです。こうすると独特の香りが立つのだとか。つまみのピンチョスもおいしいけれど、お腹が膨れるので、オープンサンドのパンを山のように残したら、ちょっぴり顰蹙《ひんしゅく》をかいました。バルセロナの人達は明るくてオープンです。南側に地中海が開けた街だからでしょうか。そういえば、バルセロナの海岸をずーっと東の方へ歩くと、ヌーディストビーチがありました。もっとも海獣のようなオジさんたちが裸でゴロゴロしていましたけどね(笑)。

Date
2012.05

東京からの距離
✈ *10,425* km

緯度経度
北緯 *41°22′* | 東経 *02°10′*

Episode
089

Country
Spain
スペイン

City
Barcelona
バルセロナ

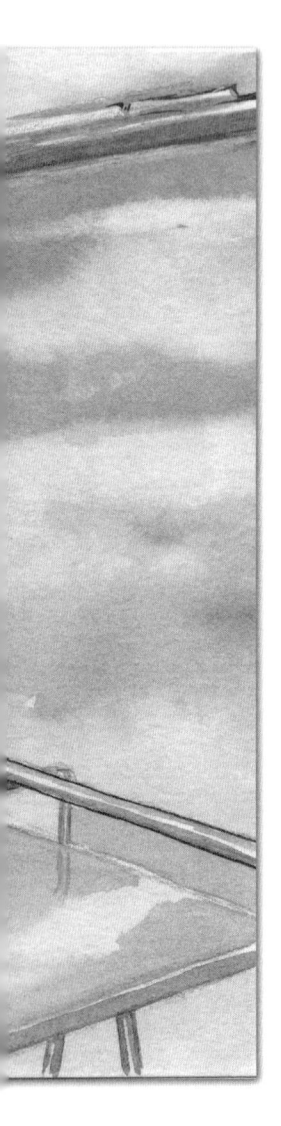

パン屋の孫娘

バルセロナにいた3週間、とにかく連日の晴れ続き。おかげでよく歩けました。ある日、新市街l‘estrollaマーケットの近くでおいしそうなパン屋さんをみつけました。看板にはFleca Fortino。店番は若い女性が二人。と…そのうち妻とパン話（?）がはずんだお姉さんが、パン焼きの作業をみせてくれると言いだしたのです。なんといっても驚いたのは、パンを窯から出し入れする長〜い木製の道具。柄の長さが３〜４ｍもあるでしょうか。つまりそれだけパン窯も大きく深いということでしょう。「この窯は100年以上前からのものよ」「わたしのおじいさんもここでパンを焼いたの」ちょっとアンジェラ・アキ似のお姉さんが誇らしげに語ります。三代続くパン屋さん。日本人としてはとてもシンパシィを感じてしまいます。こんなキュートな孫娘が後継ぎなんて、おじいちゃん本当に幸せですよ。

Date
2012.05

東京からの距離
✈10,425 km

緯度経度
北緯 41°22′ | 東経 02°10′

HE JOY OF THE COLOR, THE
ASS AND THE ATMOSPHERE
HAT MAKES IT SO SPECIAL."
bin Mehta
PALAU MÚSICA CATALANA
BARCELONA
Platea
Butaques
FLAMENC A BARCELONA (SC)
FILA: 7
GRAN GALA DE FLAMENC
BUTACA: 9
45,00 €
(IVA inclòs)
dimecres 25 d'abril de 2012
21:30 hores
4950
12042306698O 2.678.281/22

Episode
090

Country
Austria
オーストリア

City
Vienna
ウィーン

これぞウィンナー！

ウィーンの旧市街。観光には町をぐるりと回るように走るトラムがとても便利。主要な停車場にはフードスタンドが併設されていて、そこでソーセージや焼きそばのようなものを売っています。ウィンナーソーセージというと、私が連想するのはお弁当の中のタコのウィンナー。そこへいくとさすが本場のウィンナーソーセージは、大きさも量も種類も迫力が違います。後に訪れたドイツのベルリンよりも、ウィーンの方が、あちこちでグリルソーセージを売っています。ちなみに焼きそばは、四角い箱にたっぷり詰めてくれて、ボリューム満点なのですが、とても油っぽい…。やっぱりウィーンは、ソーセージが美味！

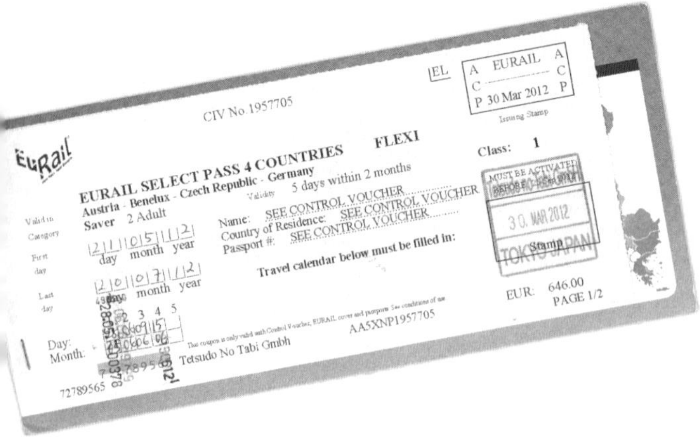

Date
2012.05

東京からの距離
✈9,138 km

緯度経度
北緯 48°12′ ｜ 東経 16°22′

Episode
091

Country
Austria
オーストリア

City
Vienna
ウィーン

モーツァルトの夜

ホテルの近くにウィーン・フィル・ハーモニーの本拠地、楽友協会があります。今夜は夏期に行われているモーツァルト・コンサートにやってきました。楽団員全員がモーツァルト時代の衣装を着て演奏します。クラシック・コンサートといっても堅苦しい雰囲気は無く、世界中から集まった聴衆の拍手に、とてもにこやかにこたえています。金ピカの美しいホールは、世界一の音響効果を持つといわれる「黄金ホール」。音楽の町ウィーンらしい華麗なコンサートを楽しむことができました。

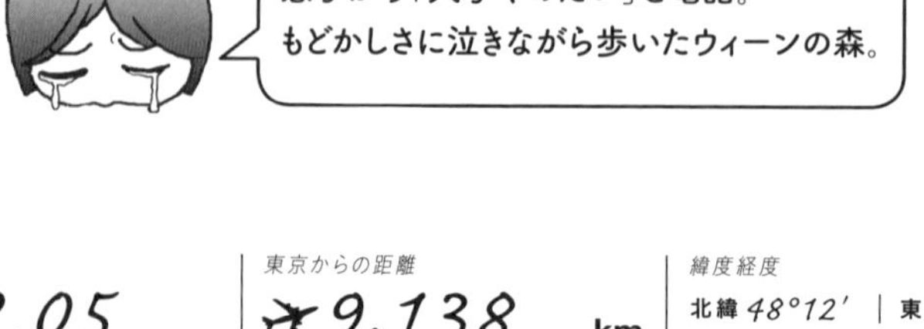
息子から「大学やめたい」と電話。

Date
2012.05

東京からの距離
9,138 km

緯度経度
北緯 48°12′ | 東経 16°22′

Episode	Country	City
092	Austria オーストリア	Vienna ウィーン

ザルツブルクの看板

庶民派オペレッタ劇場フォルクス・オーパーでミュージカル『サウンド・オブ・ミュージック』を観た4日後、トラップ一家の物語の舞台となり、モーツァルトの生まれ故郷でもあるザルツブルクにやってきました。期待通りの美しい街。旧市街をブラついていて、ふと見上げるとたくさんの看板が…。凝った古い絵看板自体は、ヨーロッパでは珍しくもないのだけれど、世界チェーンのアパレルメーカーから、マックやらSUSHIやらチャイニーズレストランまでが、この古都の雰囲気に合わせた工夫をして掲げている。これには思わず微笑…。さすがは世界屈指の美しい都市だと感心してしまいました。

Date	東京からの距離	緯度経度
2012.05	✈9,138 km	北緯 48°12′ ｜ 東経 16°22′

ZARA
中国楼
Restaurant
Jack Wolfskin
STORE
sushi

Episode
093

Country
Austria
オーストリア

City
Vienna
ウィーン

Date
2012.05

東京からの距離
9,138 km

緯度経度
北緯 48°12′ | 東経 16°22′

ドナウの河岸

ドナウ川の河岸に散歩にきました。対岸は高層マンションが建ち、岸辺には遊園施設やレストラン、遊歩道と、市民の憩いの場といった感じ。自転車で乗りつけた女子大生風のふたりは、河岸にシートをひくと、パッパッと服を脱ぎすて日光浴。ぶ厚い事典のような本をひろげたお姉さんなどは、タンクトップとパンティだけ…。サイクリングで通りがかったお兄さんも、思わず目がクギ付けです（笑）何ともおおらかで、初夏の到来を感じさせてくれる風景。ワルツ『美しき青きドナウ』のメロディーが頭の中でゆっくりと流れはじめました。

Episode
094

Country
Czech Republic
チェコ

City
Prague
プラハ

Date
2012.05

東京からの距離
✈9,080 km

緯度経度
北緯 50°05′ | 東経 14°25′

プラハのハナさん

「あなたたちは運がいい!」空港で出迎えてくれたハナさんは、会ったとたんに言いました。「なぜなら今、ミュシャのThe Slav Epicの特別展をプラハで観ることが出来るから」というのです。その作品は、チェコの国民的画家ミュシャがスラブ民族の神話や歴史を叙事詩的に描いた超巨大な絵の数々…。普段は首都プラハから遠く離れた町の展示場に収まり、なかなか観ることが難しいものだというのです。でも、我々夫婦はプラハに来る少し前、留守宅の息子から突如、大学を辞めたいという連絡を受け、困惑している真っ最中…。「そんなの認めちゃいけないよ。冗談じゃないよ!」とハナさん。ちなみにハナさんは、チェコ語ではハンナさん。旦那さんは日本人。やはり一人息子が、かつて日本の大学にいた時、勝手に退学したという連絡を受け、旦那さんが急遽《きゅうきょ》日本へ飛び、大学と交渉して無事復学させたことがあったとのこと。息子さんも今はその時のことを感謝しながら、日本の企業で働いているそうです。確かに若い時は進路に迷うでしょうが、スカイプを使って、息子とはじっくり話し合っていくことに決めました。まあ、そんなあれこれを、ハナさんにこぼしたのが、このビアホール。チェコは世界最高といわれるホップの産地。シックなビア・ホールが町のあちこちにあります。

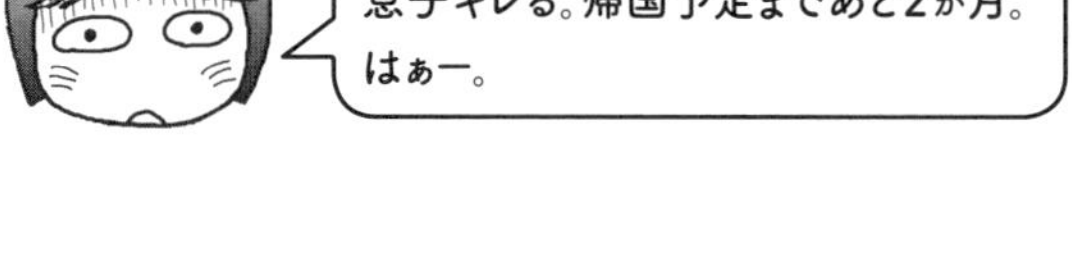
ハナさんにお尻叩かれ日本に電話。
息子キレる。帰国予定まであと2か月。
はぁー。

Episode
095

Country
Czech Republic
チェコ

City
Prague
プラハ

カレル橋から

プラハは古都の名にふさわしい美しい街。ハナさんに「プラハは東ヨーロッパのパリって言われますよね」と言うと、少し憤然として「パリは新しく造られた建物ばっかりよ。プラハのほうが古い建物が残っている。そもそもこちらの方がかつてはヨーロッパの中心よ」と言いました。確かにパリが今のような派手な街並みに変貌したのは、19世紀半ば。プラハは6世紀にスラブ民族により集落が形成され、14世紀には神聖ローマ帝国の首都に…。まさに街全体が世界遺産というのもうなずけます。これはプラハ随一の観光スポット、ヴルタヴァ川に架かるカレル橋の上から王宮を眺めたところです。ここには描いてないけれど、実は橋の上はいつでも世界中からの観光客であふれています。

プラハの宮殿の公衆トイレ、
掃除してた若い大きな
おネェさんに会釈したら
「金払え!」と一喝された……
日本じゃこれ経験
出来ないよネ。

Date
2012.05

東京からの距離
9,080 km

緯度経度
北緯 50°05′ | 東経 14°25′

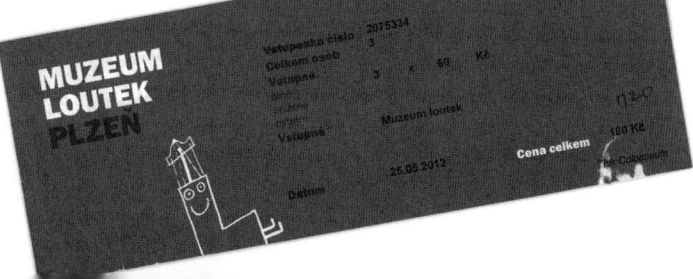

MUZEUM
LOUTEK
PLZEŇ
Vstupenka číslo 2075334
Celkem osob 3
Vstupné 3 x 60 Kč
Vstupné Muzeum loutek
Cena celkem 180 Kč
Datum 25.05.2012

Episode
096

Country
Czech Republic
チェコ

City
Prague
プラハ

Date
2012.05

東京からの距離
✈9,080 km

緯度経度
北緯 50°05′ | 東経 14°25′

静かな宝石街

プラハの中心街を歩いていて宝飾店が並ぶ一角に出会いました。プラハの御徒町《おかちまち》？　しかし何度かその路地を通っても、不思議なことに店の中に観光客らしき人や、商談をしてるだろう人などをあまりみかけないのです。「ああ、あれはね、マネーロンダリングをする為の店なのよ」とハナさんは言います。某超大国のマフィアが資金を洗浄する為に設けた店だから、客なんか入らなくても関係ないんだって…にわかには信じがたい程に立派な構えの店も多いのですが、内心ビビッて宝石街の入り口を横からこそっと描いてみました。こんなところもプラハが今でもヨーロッパの人と物の交差点である証かもしれません。

Episode
097

Country
Czech Republic
チェコ

City
Prague
プラハ

日本のお嬢さん

プラハの市民会館（オベリニー・ドーム）の内部見学ツアーに参加しました。この建物は内装がすばらしく、ガイドの青年は英語で説明してくれます。ツアー客のひとりの東洋系の若い女性が質問をしました。その英語が、たいして英語を解さぬ私が聴いても、びっくりする程ネイティブっぽく流暢《りゅうちょう》だったので、きっと英語圏育ちのアジア系に違いないと思いました。ところが、ツアーの終わりにバーでサービス・ドリンクを頂く時、声をかけられ、日本人だと知って、またびっくり。彼女なんと13歳（！）の時に音楽を勉強したくて単身アメリカに渡り、ニューヨークの音楽大学の大学院を卒業後、もう少し勉強を極めたくて、いまはウィーンに留学中だそうな。その後、広場のオープン・カフェでの夕食に誘い、話が盛り上がりました。彼女もミュシャに興味を持っていたようなので「あなたはとても運がいい!」とハナさんのフレーズをパクって、The Slav Epicの特別展のことを伝えたら喜んでくれました。わが迷える息子とたいして歳も違わないのに、天晴れなお嬢さんでした。それにしても、こちらも留守宅でのことで悩んでいる時、プラハのゴッド・マザー・ハナさんのアドバイスには大いに助けられました。プラハ駅のホームで最後まで見送ってくれた姿が瞼《まぶた》に浮かびます。さて、問題を抱えつつも、列車は一路ベルリンへ。

Date
2012.05

東京からの距離
✈9,080 km

緯度経度
北緯 50°05′ | 東経 14°25′

AA
1261206
11
110 Kč
440
24 HODINOVÁ PŘESTUPNÍ JÍZDENKA
24 HOUR TRANSFER TICKET
Použití se řídí Tarifem PID.
NEOZNAČENÁ JÍZDENKA JE NEPLATNÁ.
Any ticket which has not been validated is invalid.
For details see the reverse side of the ticket.
Praha
24 hodin hours
PRAHA
VALIDATION STAMP

Episode
098

Country
Germany
ドイツ

City
Berlin
ベルリン

分断の門

冷戦時、東西に分断されていたベルリンを象徴するブランデンブルク門。当時は門が壁に囲まれていたといいます。今は観光客がのんびり自由に門の下を往来し、道端では、若者たちが様々なストリート・パフォーマンスを繰りひろげています。1791年に作られ、ベルリンの栄枯盛衰を見つめてきたこの門にしてみれば、東西分断も、歴史上の1コマでしょうか。戦後冷戦下に育った私としては、やはり感慨深い思いが去来します。もっともベルリンの壁が壊されてから、20数年が過ぎても残念なことに、アジアにはまだ分断国家が存在するし、20世紀が生んだ悲劇がいつ解決されるのか、予想もつきませんが…。

Date
2012.05

東京からの距離
8,926 km

緯度経度
北緯 52°30′ | 東経 13°22′

Episode
099

Country
Germany
ドイツ

City
Berlin
ベルリン

勝ち組ドイツ？

これは、私の借りたアパートメントホテルの窓から眺めた黄昏《たそがれ》風景。何より特徴的なのは、林立する建設用の巨大クレーンの数々…何と東西南北ぐるりと数えてみたところ、20基近いクレーンを確認できました。まさにベルリンは建設ラッシュ。街を歩いていても工事中のところが多く、工事用の壁の間を迷路のように歩かなければならない箇所も…。「ベルリンの新しい壁」ちょっと悪いジョークかもしれませんが、そう名付けました。とにかく、ＥＵ圏の中でのドイツの経済的な好調さを実感できます。

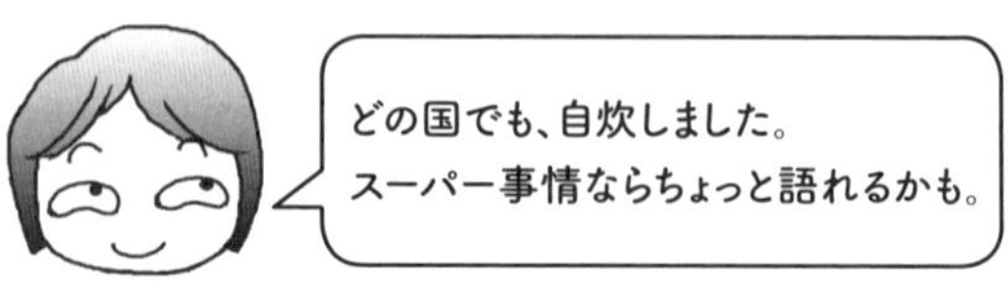
どの国でも、自炊しました。
スーパー事情ならちょっと語れるかも。

Date
2012.05

東京からの距離
8,926 km

緯度経度
北緯 52°30′ | 東経 13°22′

Episode
100

Country
Germany
ドイツ

City
Berlin
ベルリン

戦禍の記憶

シュプレール川の中洲、世界遺産の博物館島には5つのミュージアムが集まっています。すべてをめぐると約6000年にわたる西洋文明史をたどることが出来るそうですが、いかなる陳列品よりも私が目を奪われたのが、建物の壁のあちこちに残された銃弾の跡。第二次世界大戦終了期におけるベルリン空襲や、市街戦の痕跡なのでしょう。あえてこれも歴史の展示物のひとつとして、残してあるのでしょうか。実は市街のあちこちの公共の建物の壁面には、同じような弾痕が、残されてあります。文化の違いなのでしょうか、ほとんどの負の痕跡をきれいさっぱり拭い去り、後に祠のひとつも立てて禊《みそぎ》が済んだとしてしまう、日本との差に驚きました。

Date
2012.05

東京からの距離
8,926 km

緯度経度
北緯 52°30′ | 東経 13°22′

Episode
101

Country
Germany
ドイツ

City
Berlin
ベルリン

五輪の門

　この日は、私の誕生日。ベルリン中央駅から電車に乗り、オリンピック会場跡へやってきました。さきに描いたブランデンブルク門とは似ても似つかぬこの門は、1936年ベルリン・オリンピックスタジアムのメインゲートです。ナチスドイツ政権下、後に「ヒットラーのオリンピック」とも言われる大会は、次回開催予定だった東京オリンピックが中止となり、第二次世界大戦前、最後のオリンピックとなりました。重々しい石造りのスタジアムは、今見ても壮大で、圧倒的な迫力に満ちています。平和な祭典のはずが、戦争への入り口となってしまったような五輪の門に、人間の歴史の矛盾と悲哀を感じます。現在スタジアムの内側は、とてもモダンに改装され、主にサッカー会場として、多くの市民に愛されているということです。

Date
2012.06

東京からの距離
✈ 8,926 km

緯度経度
北緯 52°30′ | 東経 13°22′

Episode	Country	City
102	**Belgium** ベルギー	*Antwerp* アントワープ

ダイアの街

ベルギーのアントワープ駅で妻の旧友クリスティーンさんと会う。ご主人のデイビット氏も一緒に出迎えてくれました。デイビット氏の職場は、駅のすぐ近くにあるダイアモンド取引会社。そこは、1800社もの関連会社が軒を連ね、世界のダイアの８割が集まっている街です。警備も厳重。社内に入る時にパスポートを渡します。案内されたオフィスでは輝くダイアが机の上に山盛りされ、何千万か何億円かという大きなダイアも見せてもらいました。なんとなく、ヨーロッパ経済の底に流れる財宝力を見せつけられたような気分。もっともこの会社の社長はインド人。16世紀後半からこの街を作り上げてきたユダヤ系の人達から、現在はインド系に主役が移りつつある、ということです。

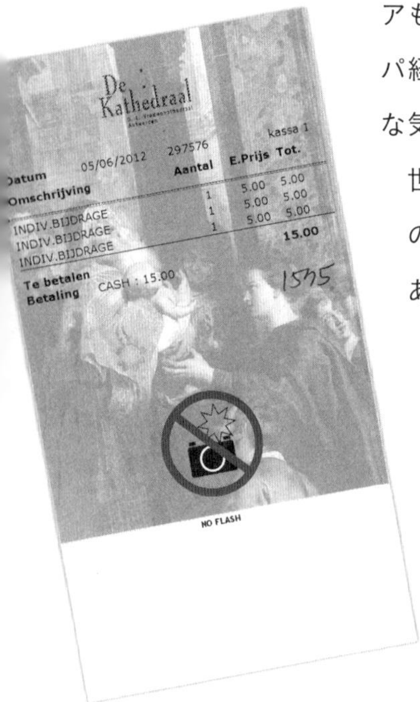
De Kathedraal
kassa 1
Datum 05/06/2012 297576
Omschrijving Aantal E.Prijs Tot.
INDIV.BIJDRAGE 1 5.00 5.00
INDIV.BIJDRAGE 1 5.00 5.00
INDIV.BIJDRAGE 1 5.00 5.00
15.00
Te betalen
Betaling CASH : 15.00
NO FLASH

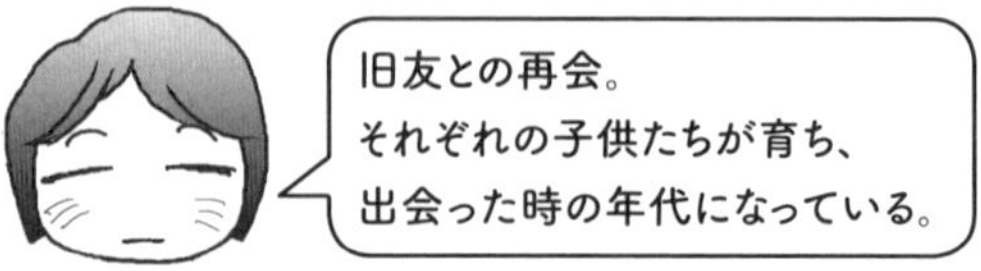
旧友との再会。
それぞれの子供たちが育ち、
出会った時の年代になっている。

Date	東京からの距離	緯度経度
2012.06	9,423 km	北緯 51°13′ 東経 04°24′

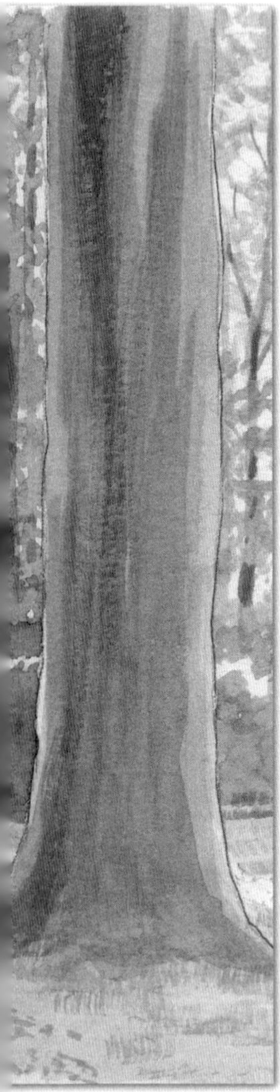

会員制の森

クリスティーンさん一家の住むアントワープ郊外の高級住宅街。どの家も緑にあふれ1000坪ぐらいの敷地があります。夕暮れ時、夫妻が散歩にさそってくれたこの広大な森は、大きな鉄扉に閉ざされ、この町内の住人だけが持つ鍵で入ることが出来るのです。いわば会員制の森林公園でしょうか。ご夫妻はベルギーの上流家庭の出身。階級社会ゆえの、豊かな生活様式を感じる事が出来ました。

クリスティーーンさん
⇦典型的ヨーロッパセレブの育ちなのに
別れのたびに大粒の涙を流す人情家
ディビッドさん⇨
趣味は狩猟 でもとてもソフトな
ジェントルマンです
高身長 高収入御夫妻

Date
2012.06
東京からの距離
9,423 km
緯度経度
北緯 51°13′ | 東経 04°24′

Episode
104

Country
Belgium
ベルギー

City
Brussels
ブリュッセル

カニカマの海

　ベルギーの首都ブリュッセルに借りたアパートに、去年パリでお世話になったT夫妻が遊びに来てくれました。週末パリで仕事が終わってから、高速道路でひとっ走りしてやって来られる距離なんだとか。地続きの国から国へのドライブって楽しそうですね。早速、海辺の街オステンドへ魚貝を食べに行こうということになりました。これはオステンドの海岸通りで見かけたスシ屋。鮮魚が自慢なはずなのに「カニカマ」って…、何だか変だなと思いながら、お目当ての海岸通りに並んだ屋台へ行ってみてビックリ！　何と、色とりどりにディスプレイされたカニやエビらしきものがすべて練り物、つまりカニカマなのです。ヨーロッパのスーパーマーケット等でも人気があり、カニカマの地位が日本よりも高いのは解っていましたが、まさか本物の海や魚市場を背景にして、カニカマのオンパレードとは…我々はつぶ貝（これは本物）のスープを飲み、カニカマは土産物にして、帰宅してからカニカマパーティー…これが結構美味かった（笑）

Date
2012.06

東京からの距離
✈9,458 km

緯度経度
北緯 50°50′ | **東経** 04°21′

可児カーマ寿司
KANiKAMA SUSHi

Episode
105

Country
Belgium
ベルギー

City
Brussels
ブリュッセル

ブルージュ

オステンドからの帰途、ベルギーの代表的な観光都市のひとつ、ブルージュに立ち寄りました。中世の街並みが保存され、とてもシック。焼きたてのベルギーワッフルにかぶりついていたら、雨が降ってきました。石畳が雨に濡れて銀色に輝いて…。ヨーロッパの古い街が一番美しくみえるのがこんな時です。

Date
2012.06

東京からの距離
✈9,458 km

緯度経度
北緯 50°50′ | 東経 04°21′

Episode
106

Country
Belgium
ベルギー

City
Ghent
ゲント

Gentの町

４月初め、シャモニーでお世話になったＹさんご夫婦が遊びに来てくれました。今日はＹさんの車でベルギー第３の町Ｇentへ。中世の繁栄を残したGentの街並みは、初期のフランドル様式建築のオンパレード。堅牢かつ優美な建物群が運河を挟んで立ち並ぶ風景は、ベルギーの中で最も美しい都市と言われるのもうなずけます。そんな街の広場を埋めた露店の中で、目を引いたのがこのお店。ニンニクの専門店らしく、ハンチングをかぶった個性的な風貌の親父さんは、肩から長い茎つきのニンニクをぶらさげて、いかにもニンニク愛（？）全開といった感じ。隣りの少年は跡取り息子でしょうか。何となく中世的で、ほほえましい店のたたずまいです。この街は美食でもベルギー屈指だとか…。今度は是非泊りがけで訪れてみたい街です。

Date
2012.06

東京からの距離
9,449 km

緯度経度
北緯 50°03′ | 東経 03°44′

Love You

GRAVEN
STEEN
GENT
Info Toerisme: nu @ Oude Vismijn tegenover Gravensteen
(Sint Veerleplein 5).
Inkomticket Individueel 55+
13.06.2012
16:07
nr. 128898
€ 6,00

Episode
107

Country
Belgium
ベルギー

City
Watrelos
ワーテルロー

Date
2012.06

東京からの距離
9,469 km

緯度経度
北緯 50°43′ | 東経 04°23′

ワーテルローの戦い

近頃は、本職のスキーガイドのオフシーズンにはゴルフに凝っている、というＹさん夫婦とゴルフをすることになりました。目指すはブリュッセルの南方15km程にあるワーテルローのゴルフ場。そうです。あの有名な、ナポレオン最後の戦いの場、ワーテルローです。1815年６月18日、このワーテルローの平原で、フランス対イギリス・プロイセン連合軍の両軍合わせて15万人超の大兵力が戦いを繰りひろげました。ゴルフをしたこの日は６月14日。約200年前、ここでヨーロッパ史に残る大決戦が行われたなんて信じがたい程にのどかな平原です。つくづく平和ってありがたい、と思う一日でもありました。ところで、ゴルフの決戦の結果は？ ナポレオンが敗北した歴史とは違い，僅差でフランス組の勝利に終わりました。

Episode
108

Country
Luxembourg
ルクセンブルク

City
Luxembourg
ルクセンブルク

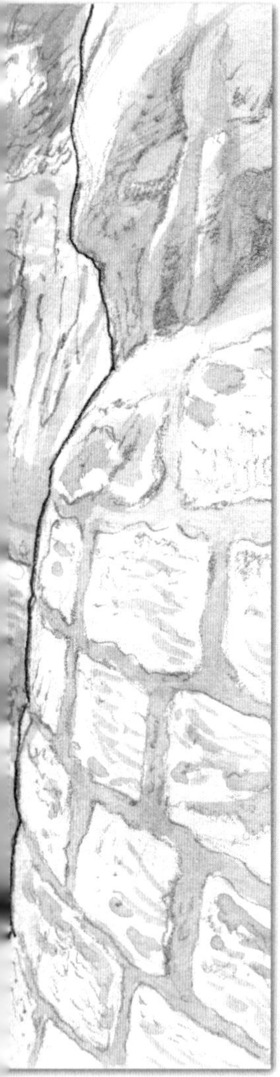

渓谷の町

ワーテルローを後にして、隣国ルクセンブルク大公国へ。首都ルクセンブルクの街は新旧の市街を分断する形でペトリュス渓谷が横たわり、1000年以上の昔からの城壁が、木々の緑に包まれています。まるでジオラマを見せられているような風景です。近年、中国との関係強化が話題となっているルクセンブルク。そういえば王宮と空中廊下で結ばれた建物に店を構えた高級中華レストランの料理はとてもおいしく、雰囲気も良いものでした。翌朝、Y夫妻と別れ、観光用トレインバスに乗って谷底の街へ…。ペトリュス川のまわりの絶壁は、あちこちに穴が穿ってあり、この地形がそのまま天然の要塞であったことがよく解ります。周りを大国に囲まれた小国が、自治を守る為の複雑な歴史が、そこに刻まれているように思えました。

Date
2012.06

東京からの距離
✈9,478 km

緯度経度
北緯 49°37′ | 東経 06°08′

Episode
109

Country
Belgium
ベルギー

City
Brussels
ブリュッセル

Date
2012.06

東京からの距離
9,458 km

緯度経度
北緯 50°50′ | 東経 04°21′

OPEN EVERY DAY 10.00 am > 6.00 pm
LAST ENTRANCE 05.30
KEEP YOUR TICKET!
atomium
1233240
www.atomium.be

ハロー！ 万博

ブリュッセル最後の日、1958年ブリュッセル万国博覧会が開かれた、エゼル公園を訪れました。ここには今でも万博モニュメントとして建てられた、高さ103mの巨大なアトミウム（鉄の結晶構造）がそびえ立ち、エレベーターで内部に入り、眺望を楽しめるようになっています。さてその夜、最後の晩餐《ばんさん》をどこで食べようかと市内をうろつき、偶然に入ったのがLa Belle Maraîchèreというレストラン。そこの魚介料理があまりにおいしかったので、席にあいさつに来た店主に声をかけたところ、店主のエディさんは、19歳の頃大阪万博（1970年）のベルギー館のコックとして、日本に滞在していたというのです。「私も万博に行ったわ。その時、私は15歳だったのよ！」妻と話が盛り上がり、店の前で、ごらんの通りの記念ショット。ちなみにエディさんはそれ以来、日本が好きになり、3度訪日したとか…。不思議と万博つながりの楽しい一夜となりました。

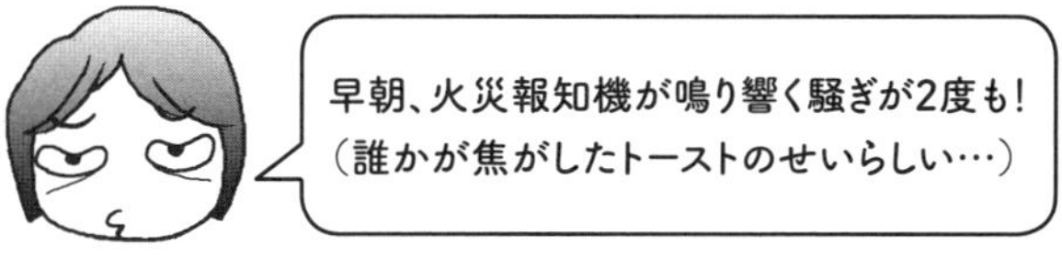
早朝、火災報知機が鳴り響く騒ぎが2度も！
（誰かが焦がしたトーストのせいらしい…）

Episode 110

Country **Norway** ノルウェー

City *Oslo* オスロ

海の上の小さな家

オスロ市庁舎前の波止場から、オスロ・フィヨルド観光の船に乗り込みました。もっとも、オスロ湾は正確にはフィヨルドでなく、海に面して切り立った断崖絶壁などもありません。海面はどこまでも穏やかで、入江には無数のサマーコテージが建ち並び、とっても美しい風景です。その中で、島というにはあまりにも小さい岩礁に、一軒だけ建っている小さな家を見つけました。深く切り込んだ湾に護られた海です。きっと高波とかの心配もないのでしょうね。家のベランダから釣り糸を垂らし、そのまま海へダイブ！ 憧れますそんな生活。遠くに巨大な豪華客船が、滑るように航行してゆくのが見えました。

Date 2012.06

東京からの距離 ✈8,414 km

緯度経度 北緯 59°56′ | 東経 10°45′

Boarding Pass
STAR ALLIANCE
Notes
SAS
PNR
8G99QJ
MURAKAMI/MOTOKAMR
Class
C
Business
Seq
BN75
Gate
A43
Seat
02A
Boarding
10:35
ETKT
Flight
SK4744
Date
18JUN
Time
11:05
From
Brussels
BRU
To
Oslo
OSL
Scandinavian Airlines

Episode
111

Country
Norway
ノルウェー

City
Oslo
オスロ

世界一幸せな彫刻家

グスタフ・ヴィーゲランという彫刻家を知っていますか？　私はこの人が作った『おこりんぼう』という、怒って泣いているちょっとユーモラスな赤ん坊の彫像を、どこかで見て知っているという程度の知識しか持っていませんでした。ヴィーゲランは、画家のムンクと並ぶノルウェーが誇る芸術家です。オスロ市に依頼され、ヴィーゲランがライフワークとしてデザインしたこの広大な公園は、彼の多くの彫刻で飾られています。滑らかで豊満なその彫刻を、子供たちがよじのぼり遊ぶ遊具（？）として、自由に開放していることに驚きました。しかも大人気です！　きっとヴィーゲランは最初からそれを意図して、石という硬い素材とこの柔らかいフォルムを選んだのでしょう。ただ眺めるだけでなく、未来に渡り、無数の子供たちが自分の作品に触れ、抱きついてくれる…何とも幸せな彫刻家ではありませんか。

Date
2012.06

東京からの距離
✈8,414 km

緯度経度
北緯 59°56′ | 東経 10°45′

Episode
112

Country
Norway
ノルウェー

City
Oslo
オスロ

23時の夕焼け

今日は夏至…１年で最も昼が長い日です。北欧では特に日が長く、もっと北極に近い地方では１日中、陽が沈まない白夜の現象も起こるそうです。このオスロでも、もう23時を過ぎているというのに、空にはピンクとバイオレットに染まった雲が織りなす、美しい夕焼けが広がっています。この季節は、北欧の人達にとって特別に楽しい時なのでしょう。ついさっきまで、アパートのベランダに出てパーティをしている人たちの姿を見かけることが出来ました。オスロ駅から程近いこの地区には、イスラムの人達が多く住み、１日に何度か、モスクからの祈りの声が、音楽のように街の屋根の上を流れてゆきます。このあと、空はほんの２～３時間青黒く沈んだかと思うと、今度は朝焼けに染まってくるのです。何だか自分が今どこにいるのかも解らなくなってきました…。

Date
2012.06

東京からの距離
✈8,414 km

緯度経度
北緯 59°56′ | 東経 10°45′

Episode
113

Country
Norway
ノルウェー

City
Oslo
オスロ

キュートな衛兵

オスロ市内の丘に建つ王宮公園を散歩した時に、王宮を護る女性の衛兵を見かけました。どうも衛兵交代の儀式とは見えません。何だか衛兵としての心得などを上官衛兵から指導されているような気がします。彼女は新兵なのでしょうか。抱えられた厳《いか》つい小銃が不釣り合いな程、まだ少女の面影を残した風貌が魅力的です。各国で多くの凛々しい衛兵さん達を見てきましたが、間違いなく彼女が一番キュートでした。こんな可愛い衛兵さんを配置するところに、この国の観光へのソフトな配慮を感じました。

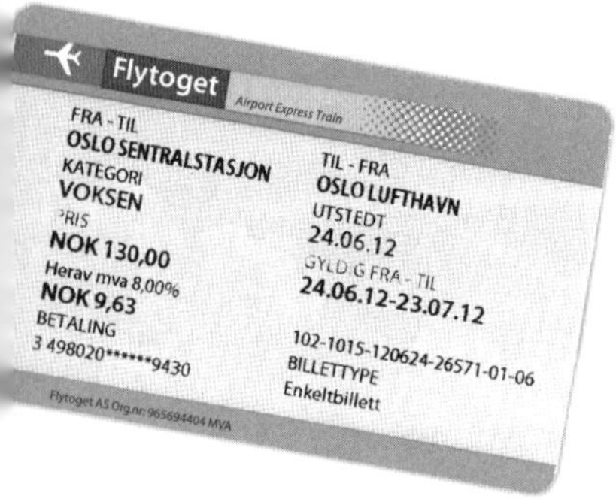

Date
2012.06

東京からの距離
8,414 km

緯度経度
北緯 59°56′ | 東経 10°45′

Episode
114

Country
Finland
フィンランド

City
Helsinki
ヘルシンキ

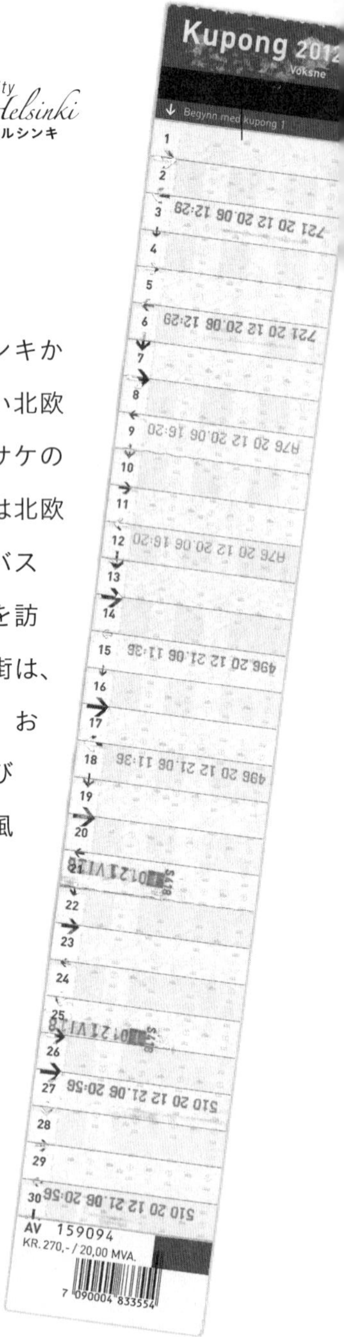
Kupong 2012
Voksne
Begynn med kupong 1
AV 159094
KR. 270,- / 20,00 MVA.

最後の寄港地

最後にフィンランドを選んだのは、首都ヘルシンキから日本までのフライト時間約９時間、もっとも近い北欧の国だということと、日本に似て、アジやサバ、サケの塩焼きが美味いと聞いたからでした。ヘルシンキは北欧の都市らしく、スッキリと清潔なムード。今日はバスに乗って１時間、フィンランドの古都ポルヴォーを訪れました。ポルヴォー川畔に立ち並ぶ木造の倉庫街は、この街の代名詞です。旧市街は古い石畳の通りに、おとぎ話に出てくるようなパステルカラーの家が並びます。曲がりくねった坂道の先で、次々と新しい風景に出会えました。忘れられない美しい街です。

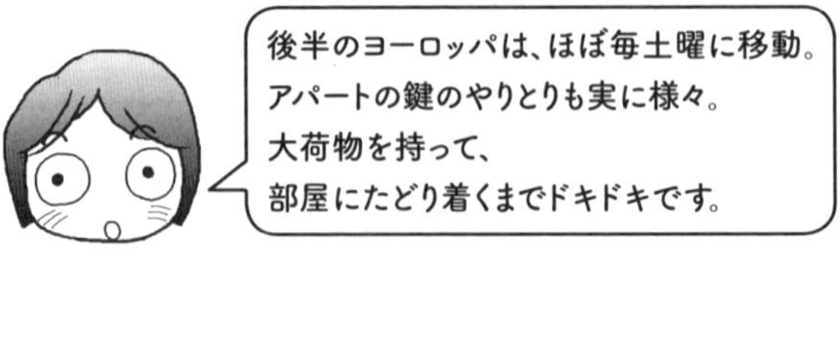
後半のヨーロッパは、ほぼ毎土曜に移動。
アパートの鍵のやりとりも実に様々。
大荷物を持って、
部屋にたどり着くまでドキドキです。

Date
2012.06

東京からの距離
7,826 km

緯度経度
北緯 60°10′ | 東経 24°56′

Episode
115

Country
Estonia
エストニア

City
Tallinn
タリン

エストニア、タリンへ

ヘルシンキからエストニアの首都タリンへは高速フェリーで片道1時間30分程。チケットを買うのにモタモタしていたら、乗船ゲートにいたお兄さんが実にきれいな日本語で話しかけてきて、説明してくれました。なんでも交換留学生で埼玉の高校にいたことがあるのだとか…そういえば空港でも多言語対応ガイドのカウンターがあり、そこのお姉さんも完璧な日本語で迎えてくれました。フィンランドのおもてなしは結構レベル高いです。さて、到着したタリンの旧市街はまさに中世そのままのような、レトロで美しい街並み。古いレストランの前にはオープンテラスが作られ、ウェイトレスさんが中世風の民族衣装でサービスしてくれます。

Date
2012.06

東京からの距離
7,885 km

緯度経度
北緯 59°26′ | 東経 24°44′

Olde Hansa

Episode
116

Country
Estonia
エストニア

City
Tallinn
タリン

タリンの城壁

タリンの旧市街を一望できる城壁に登ってみました。石と木造で美しい回廊がめぐらされています。ここは、エストニアの怪人と言われた大関把瑠都《ばると》関が産まれた国。（そういえば街を歩いていてもとっても大きい人が多いかも）その四股名《しこな》の元になったバルト海に続く海を遠くに青く眺めることが出来ました。

Date
2012.06

東京からの距離
✈7,885 km

緯度経度
北緯 59°26′ | 東経 24°44′

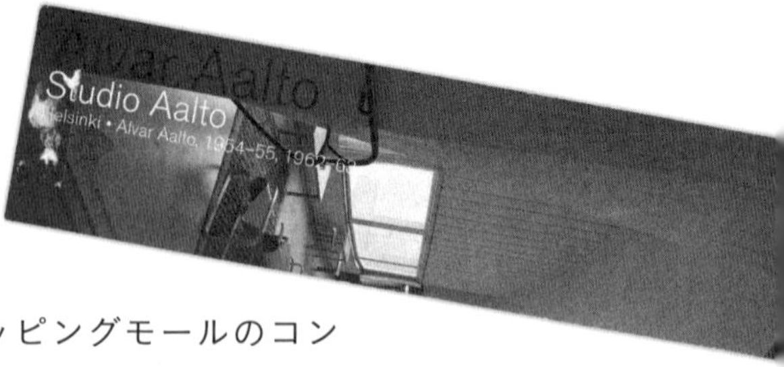
Alvar Aalto
Studio Aalto

旅の終わりに

ここはヘルシンキの新しい繁華街、カンピ地区のショッピングモールのコンコース。そして、この扉から、我々の借りたアパートの部屋に行くことが出来るのです。近代的なビルの中の部屋なのですが、バスルームには立派なサウナがデーンと設置され、他にはシャワーのみでバスタブなどはありません。さすがは、サウナの本家フィンランドだなーと妙に感心。いよいよ帰国するため空港に向かうという時、私はこの扉の前で鍵を返却に行った妻を待っていました。すると、向こうから妻がボロボロ泣きながら歩いてくるではありませんか…すわ！ 何事!?…妻に聞くと、これでやっと日本に帰れるかと思ったら、何だか泣けてきてしまったんだとか。思えば足かけ２年…260日超の旅に出たのは、私のワガママから…留守宅の息子のことやら、飼い猫のことやら、彼女はずーっと心配を呑み込んで旅の手配をこなしてくれました。ありがとう…心からの感謝を妻に…。

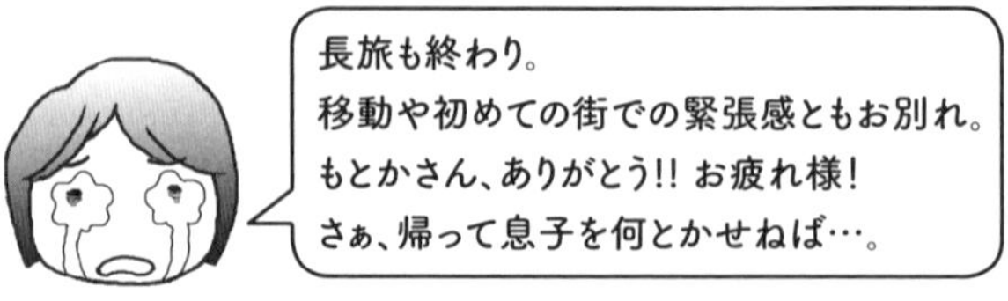
長旅も終わり。
移動や初めての街での緊張感ともお別れ。
もとかさん、ありがとう!! お疲れ様！
さぁ、帰って息子を何とかせねば…。

旅を終えて思うこと

足かけ２年、延べ260日超の旅を終え、その後30回にわたりグランドジャンプPREMIUM誌上に連載した『欧州・アジア260日の旅』が、こうして一冊にまとまりました。毎月４ページずつ、撮ってきた写真をiPadに写し出し、記憶を甦らせながら描く作業は、訪れた地を再び訪ね、楽しい思い出を反芻《はんすう》するようなものでした。

けれど、あの時から数年の月日が流れた今、ユーロ圏各国は、難民問題等で大きく揺れているといいます。我々が旅した時でも、各地で若い失業者達によるデモ行進に遭遇しました。そこへさらに何十万ともいう難民の人達を受け入れようとするのですから、社会全体が相当な試練に耐えなければならなくなることは、想像に難くありません。

2015年のパリの同時多発テロも、その周辺を歩いた記憶があると、とても身近な出来事に感じました。それが旅をしたことで、我々が変わったことなのでしょう。穏やかだった地中海も、今ではとても呑気に眺めることは出来ないかもしれません。

さて、旅行中我々をヤキモキさせた息子は、その後なんとか大学を卒業し、専攻していた理学療法士の資格も取得しましたが、今は駆け出しの声優として修業中。彼も思わぬ方向に人生の旅路を歩みはじめたようです。妻も義母も猫たちもみな元気。

そして私も、何事もなかったように毎日机に向かって漫画を描く日々…。

でも、今の仕事が終わったら…また旅することを夢みているのです。

村上もとか　2016年２月

『グランドジャンプPREMIUM』H24年VOL.11～H26年VOL.26、
H26年5月号～7月号、9月号、11月号、H27年1月号、3月号、5月号、
『グランドジャンプ』H26年7号、8号、16号、20号、24号、H27年4号、
H28年7号に好評掲載されたものを収録しました。

村上もとかが夫婦で歩く
欧州★アジア260日の旅

発行日　2016年3月9日［第1刷発行］

著者　村上もとか

発行人　鈴木晴彦

発行所　株式会社 集英社
〒101-8050　東京都千代田区一ツ橋2丁目5番10号

電話　東京　03（3230）6281（編集部）
03（3230）6393（販売部・書店専用）
03（3230）6080（読者係）

印刷所　図書印刷株式会社

製本所　株式会社ブックアート

ブックデザイン　柴田尚吾（PLUSTUS++）

定価はカバーに表示してあります。

ISBN978-4-08-780782-0 C0026　Printed in Japan